手ぬぐいで作る

毎日使える
手ぬいの布こもの

高橋恵美子

はじめに

チクチクと針を動かしていく手ぬいは、
だれにでもできる、やさしいぬい方です。

お気に入りの手ぬぐいと、針と糸があればいいのです。

手ぬぐいは、木綿で吸湿性がいいので
気持ちのよい使いごこちにでき上がります。

手ぬぐいの耳を上手に使って、
一枚の手ぬぐいからできるよう工夫しました。

手ぬぐいならではの楽しい色柄を生かして作りましょう。
のんびりとした手ぬい時間を楽しんでください。

高橋恵美子

CONTENTS

(A)

ランチョンマット

透明感のある青のグラデーションがきれい。
光が差し込むような朝の食卓をイメージ。
中にタオルを入れてふんわりと。

手ぬぐい：瑠璃（JIKAN STYLE）
» **How to make p.34**

(B)

コースター

凛とした露草の絵柄でコースターを。
爽やかにリフレッシュさせてくれそう。
耳を生かして三つ折りで重ねてチクチクぬい。

手ぬぐい：露草（あひろ屋）
» **How to make p.35**

(C)

鍋つかみ

手を入れるポケットを作ってつかみやすく。
鍋敷きとして使ってもOK。
厚みが出るよう中にタオルを入れて折り重ねて作る形。

手ぬぐい：綾杉／茶（あひろ屋）

≫ **How to make p.36**

D

エプロン

手ぬぐいを2枚合わせてエプロンに。
レース模様がかわいくて華やか。

手ぬぐい：和風レース／ブルー（JIKAN STYLE）

» **How to make p.38**

E

お弁当袋

お弁当を平らに入れられる巾着形。
共布でひもも作るとなお素敵。
コードを買ってこなくてもすみますね。

手ぬぐい：籠目／草色（あひろ屋）

» How to make p.40

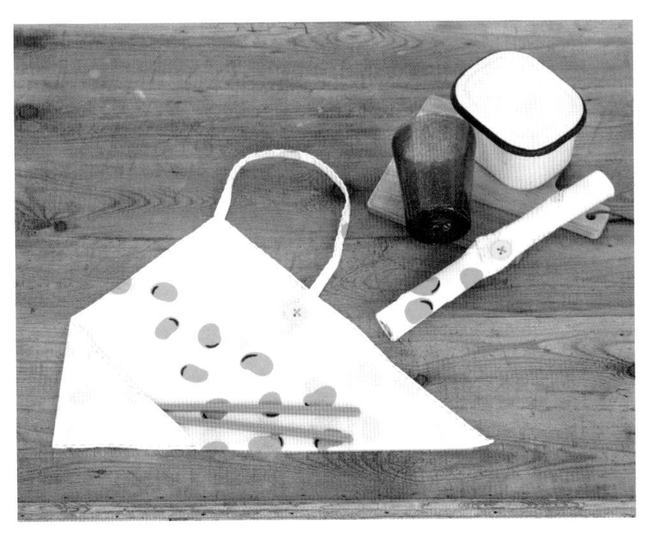

F

箸入れ

そら豆の模様がかわいい手ぬぐい。
箸をくるくると巻いて収める箸入れに。

手ぬぐい：おはぐろそらまめ（染の安坊）

» How to make p.42

G

手さげバッグ

鳥の絵とローマ字の鳥名で
図鑑のような手ぬぐい。
小鳥と一緒にお出かけを楽しんで。

手ぬぐい：小鳥のパーティー（染の安坊）

» **How to make p.44**

(H)

ショルダーバッグ
サコッシュ

斜めがけする小さなバッグ、サコッシュ。
貴重品や小物を入れるのに便利。

手ぬぐい：蕨／柚葉色（あひろ屋）
» How to make p.46

(I)

タブレットケース

タブレットを持ち運ぶときに入れておくケース。
内布にはタオルを使って、クッション効果を。

手ぬぐい：縞市松／水色（あひろ屋）

≫ **How to make p.48**

巾着形ポーチ

手ぬぐい1枚から3つの巾着が作れます。
気に入った手ぬぐいで作ってみましょう。

手ぬぐい：朝顔更紗／臙脂（染の安坊）

» How to make p.50

(K)

あずま袋

風呂敷のように結んで使うあずま袋は、
手ぬぐいを三等分に折って作ります。

手ぬぐい：冬苺（あひろ屋）

» **How to make p.52**

(L)

大きめのエコバッグ

大きなバッグを畳んで持ち歩けば、
欲張ってお買い物しても大丈夫。
2枚の手ぬぐいの柄の組み合わせを楽しんで。

手ぬぐい：切子硝子・孔雀の宙（JIKAN STYLE）

≫ **How to make p.54**

M

エコバッグ　レジ袋タイプ

持ち手用に切り取ったカーブをそのままポケットに。
シンプルなエコバッグに仕立てました。

手ぬぐい：オニオン紫（染の安坊）

» **How to make p.56**

(N)

エコバッグ

袋布と持ち手とに、
手ぬぐいを２枚使っています。
持ち手布は耳を生かして
幅広のデザインです。

手ぬぐい：トロピカルジュース・
春の雨（JIKAN STYLE）

≫ **How to make p.58**

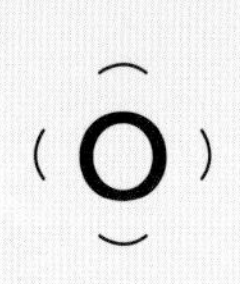

ペットボトルケース

マイボトルを持ち歩く方も多くなってきました。
内側にタオルを使っているので、
ボトルの結露も吸い取ってくれるすぐれもの。

手ぬぐい：斑雪（あひろ屋）

» How to make p.60

P

ひんやりスカーフ

保冷剤を挟んでネックにかけられるスカーフ。
熱中症予防や暑さ対策に最適。

手ぬぐい：立涌／黒地に青（あひろ屋）

» How to make p.62

立体マスクとマスク入れ

感染症予防にマスクは必需品です。
お食事などのときに入れておくケースも。

手ぬぐい：南天／青白つるばみ色（あひろ屋）

» How to make p.63

ティッシュケース［ふたつき］

山折り、谷折りして両端をぬうティッシュケース。
作り方をマスターすれば意外と簡単。
１枚の手ぬぐいから２個作れます。

手ぬぐい：コスモスナイトブルー（染の安坊）

» **How to make p.66**

(S)

シュシュ＆ヘアバンド

渋めのストライプ模様を選んでヘアバンドに。
残り布でシュシュもできます。

手ぬぐい：朝靄（JIKAN STYLE）

» **How to make p.68**

T

ブローチ&コサージュ

布の模様部分を切りとってブローチに。
手ぬぐいの耳部分を使って、花びら形のコサージュに。

手ぬぐい：和風レース／ピンク（JIKAN STYLE）

» **How to make p.70**

ブックカバー

本のカバーを型紙にして布を裁ちます。
気に入った手ぬぐいで作ってみて。

手ぬぐい：宿木／草色（あひろ屋）

» How to make p.72

キャラメルポーチ

旅行用の小物をしまうのに便利なポーチ。
畳んで折り重ねて作る四角い形です。

手ぬぐい：蒲公英／うこん色（あひろ屋）
» How to make p.74

W

めがね入れ

めがねをさっと取り出せるタイプのケース。
バッグの中でもかさばりにくいです。
内布にはタオルを使ってふっくら作ります。

手ぬぐい：小さな水族館・チクタク時計（JIKAN STYLE）

» **How to make p.76**

ほかほかカイロ

電子レンジで温めて使えます。
ほっこりとした温かさで、
肩のこりもじんわりほぐれます。
米ぬかや玄米を入れて。

手ぬぐい：みつ豆（あひろ屋）

» How to make p.78

How to make

いろんな絵柄で楽しめる手ぬぐい。

気に入った手ぬぐいを見つけたら、

エコバッグやブックカバーにしてみませんか。

（　手ぬいの基本　）

糸と針

糸と針さえあれば、
いつでもどこでも手ぬい仕事ができます。
素敵な染めの手ぬぐいで、
布小物を作ってみませんか？

（　基本の道具　）

手ぬい針

薄手木綿地をぬうには四ノ三がおすすめ。糸通しがあると針に糸を通しやすいです。

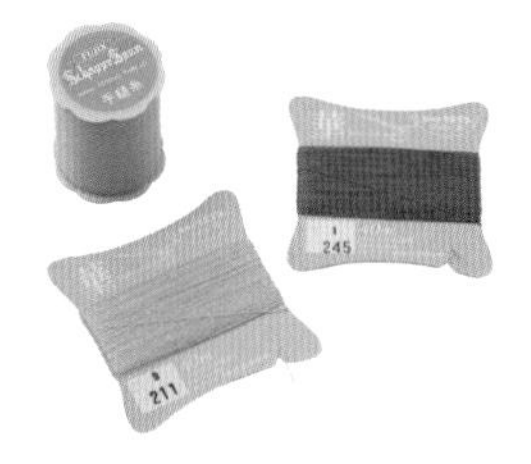

手ぬい糸

糸はシャッペスパン手ぬい糸がおすすめ。ポリエステル製で丈夫です。

まち針

ぬい合わせる布を、まち針でとめてぬいましょう。

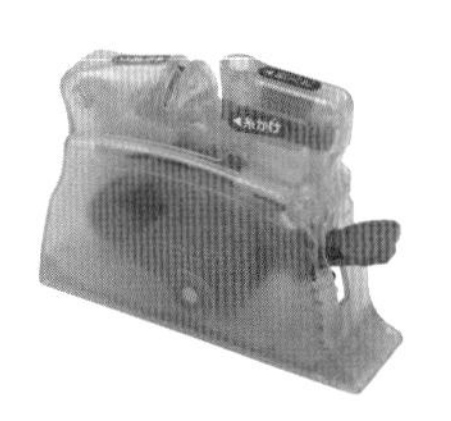

デスクスレダー

簡単に糸通しができるデスクスレダーは、あると便利です。

手ぬいの基本用語

わ

布地を二つに折って、できる部分を「わ」といいます。

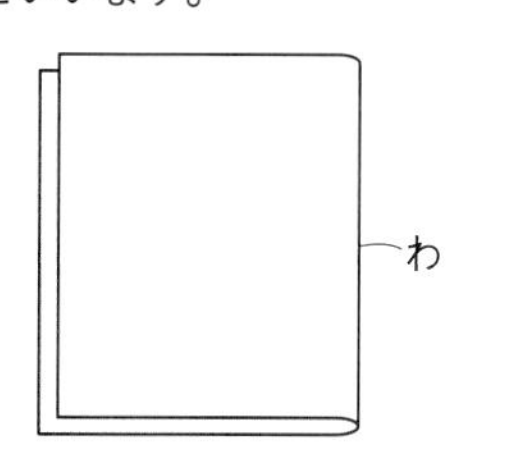

中表と外表

布地の表同士を内側にして合わせせることを「**中表**」といい、裏同士を合わせて外側を表にすることを「外表」といいます。

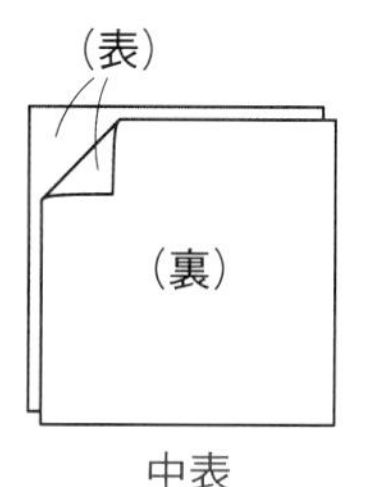

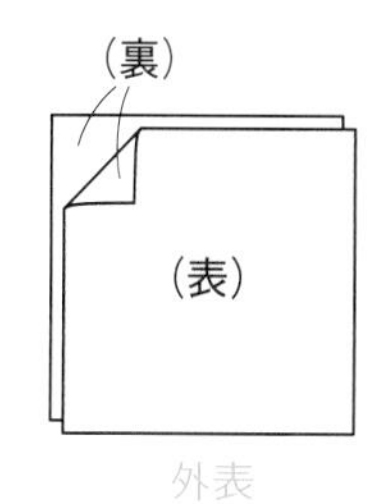

二つ折り

布を二つに折ること。

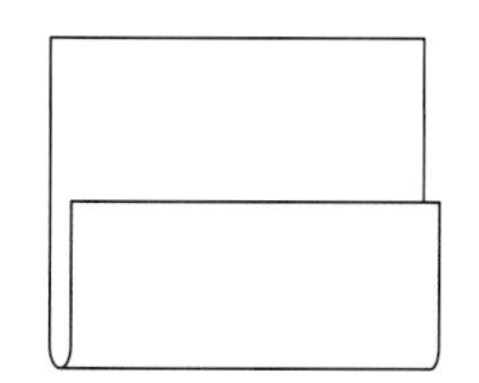

三つ折り

布をでき上がり線で内側に折り、さらに布端を内側に折ります。

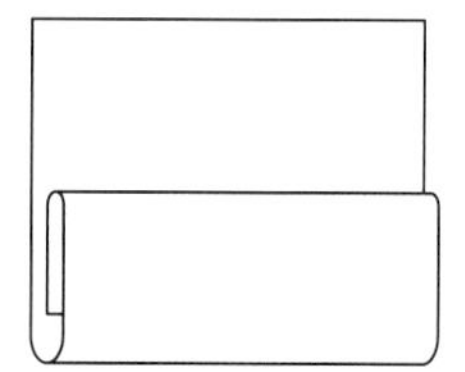

四つ折り

布の端と端を中心に合わせて折り、さらに中心で折ります。

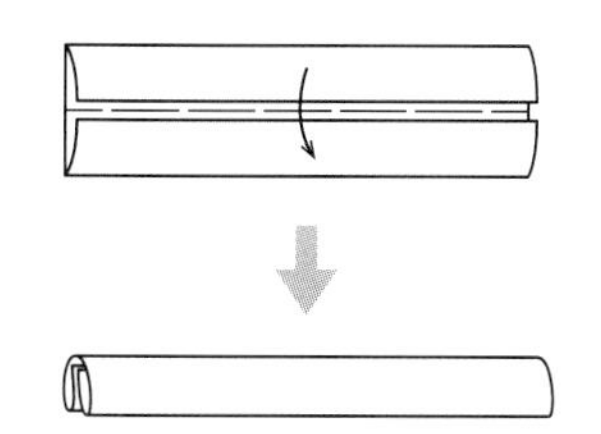

ぬい代を割る

ぬい代を開いてアイロンをかけます。

この本の特徴

この本は、手ぬぐいで作る方法を紹介しています。手ぬぐいの耳を生かして、ぬいしろの始末を簡単にしています。耳は手ぬぐいの両端の、織り糸が折り返している部分で、ほつれません。
手ぬぐいを用いず、布で作る場合は、耳のところにぬいしろを加えてください。

（　基本のぬい方　）

▶ぬい始めとぬい終わり

ぬい始め

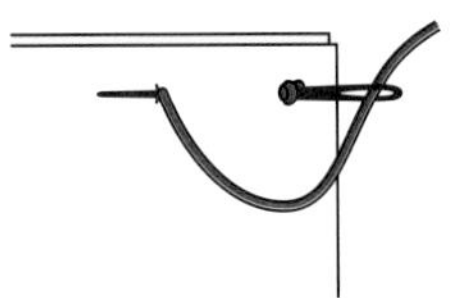

1 ひと針ぬい、針を最初に戻して同じところをぬう。

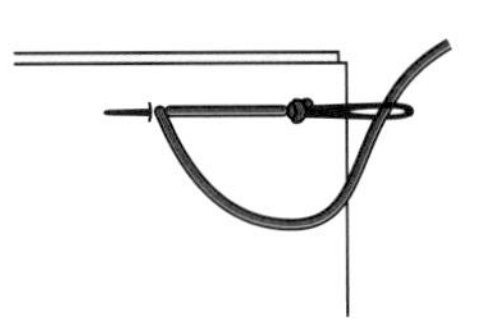

2 もう一度同じところをぬう（ふた針返したことになる）。

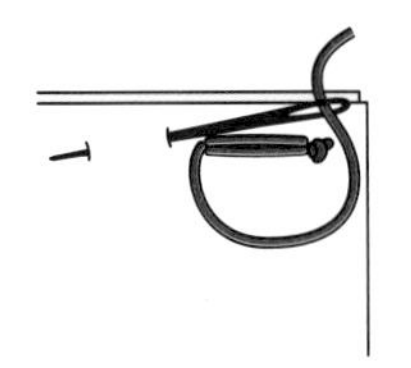

3 ぬい進む。

ぬい終わり

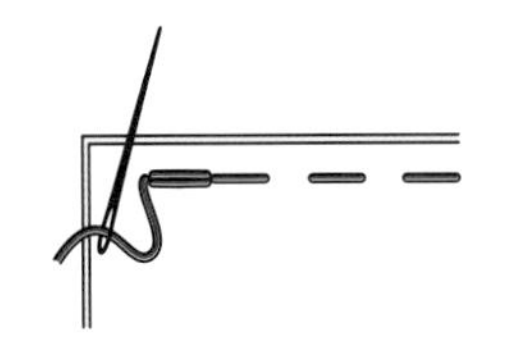

1 ぬい終わりの糸をふた針返す。

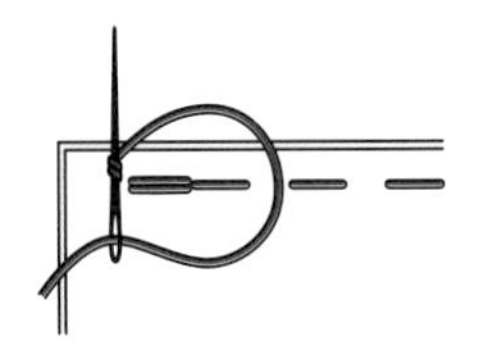

2 針先に糸を２～３回巻きつけ、巻いたところを押さえて糸を抜く。

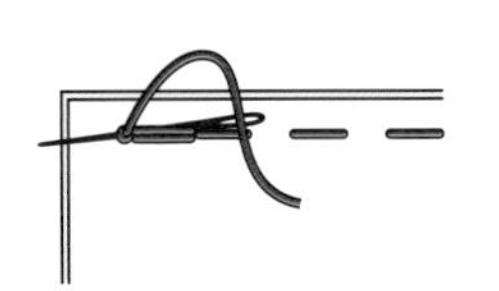

3 ひと針返して糸を切る。

▶玉結び、玉どめのしまい方

ぬい始め

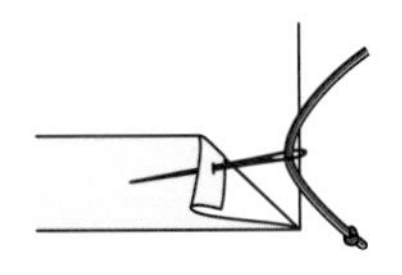

1 玉結びがかくれるように、内側から針を出す。

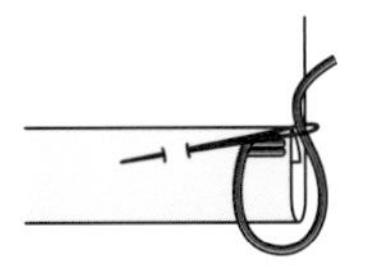

2 ふた針返して、ぬい進む。

ぬい終わり

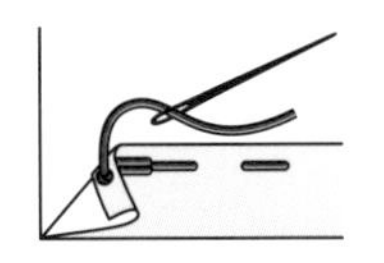

1 ぬい終わりの糸をふた針返して、針先を内側に出して玉どめする。

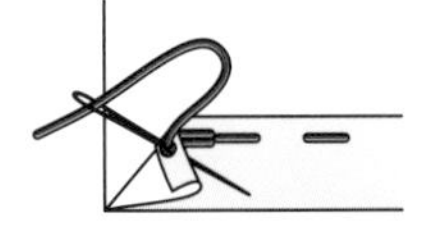

2 外側に針を出して糸を切る。

▶まち針の打ち方

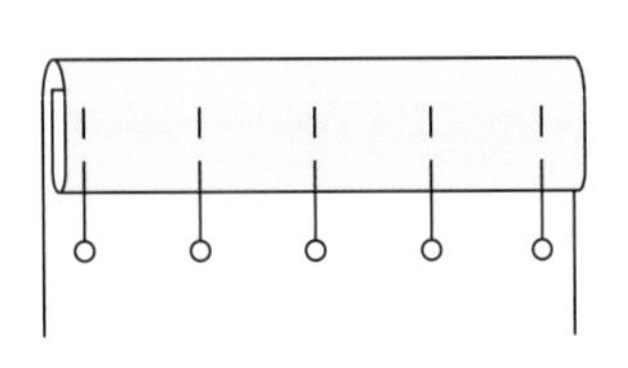

まち針でとめることを「打つ」といいます。まち針の針先をぬいしろ側に向けて、ぬう方向に対し直角に打ちます。

▶爪アイロン

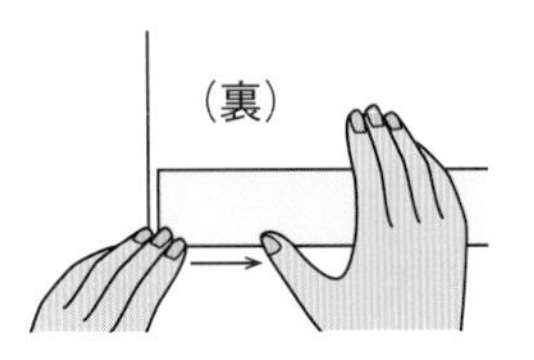

親指の爪を折り目に当て、折り線に沿って動かし折り目をつけること。

並ぬい

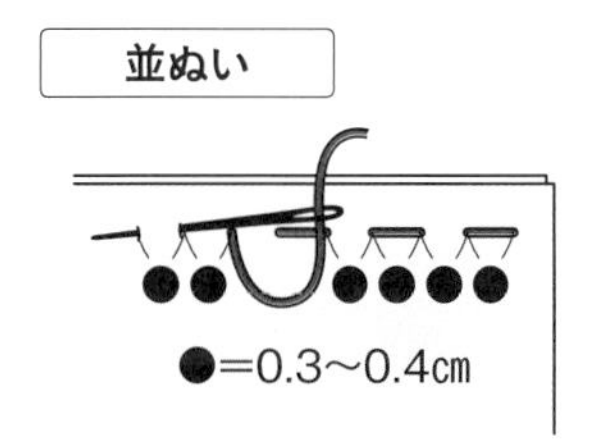

手ぬいの基本。チクチクリズミカルに針を動かします。

返しぐしぬい

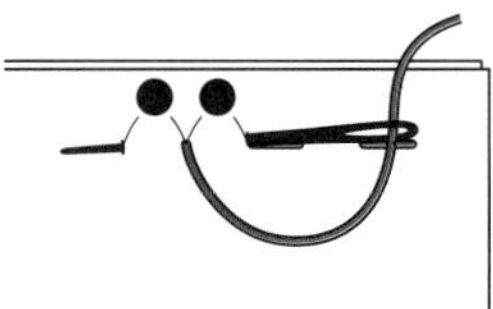

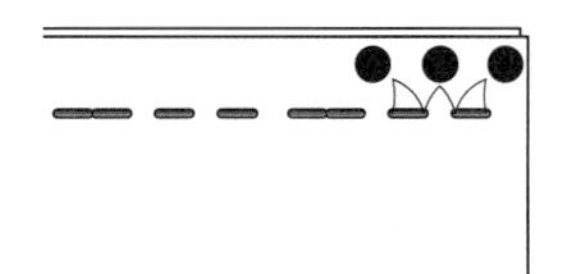

2〜3針並ぬいしたら、ひと針戻ってぬう。しっかり仕上げたいときに。

半返しぬい

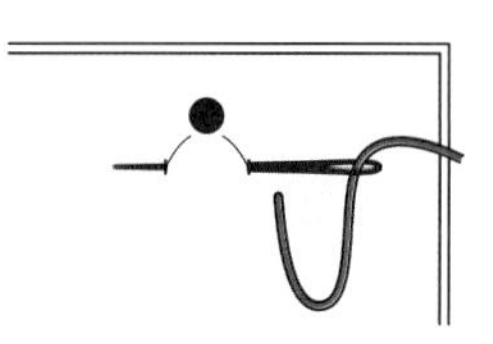

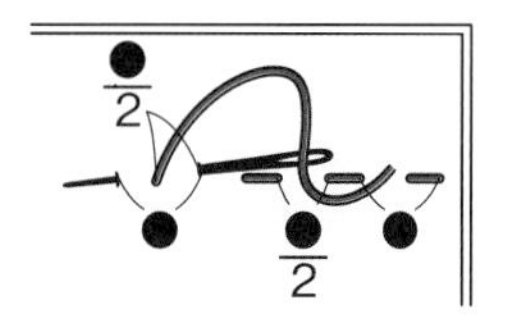

ひと針ぬったら、半目戻してぬう。丈夫にぬい合わせたいときに。

袋ぬい

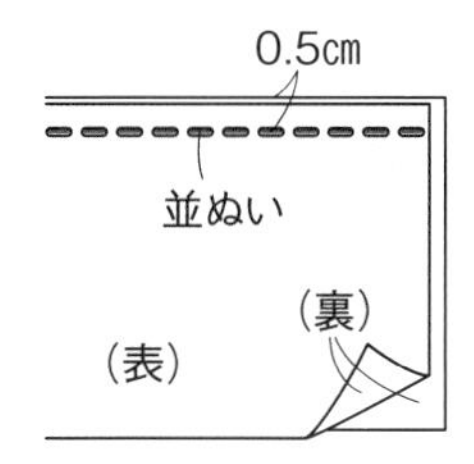

1 布を外表に合わせて並ぬい。

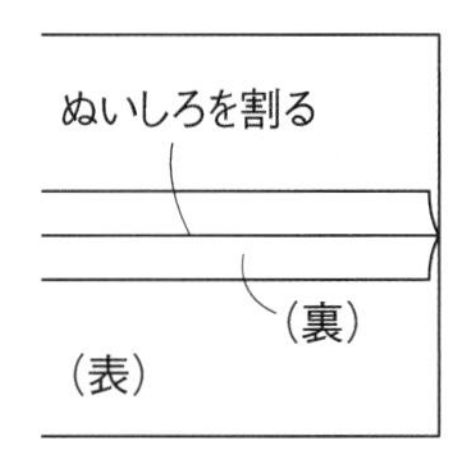

2 ぬいしろを爪アイロンで割る。

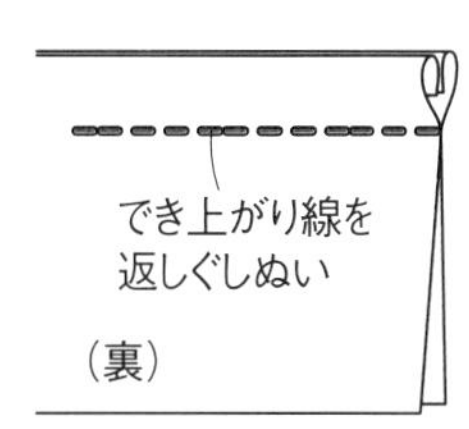

3 **中表**に合わせ直し、返しぐしぬいする。

たてまつり

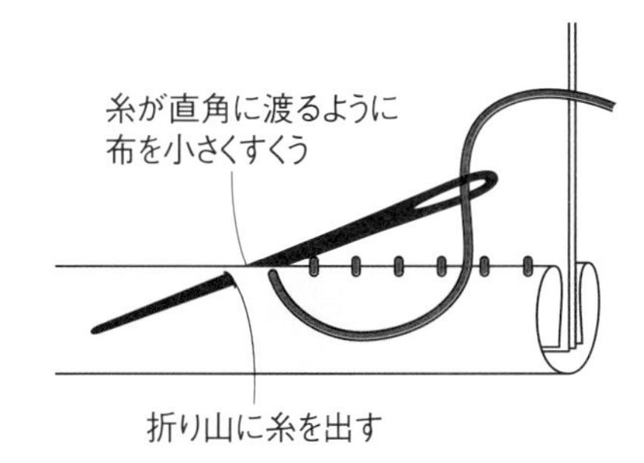

折り山の内側から針を出し、糸のすぐ上の表布を小さくすくう。

コの字まつり

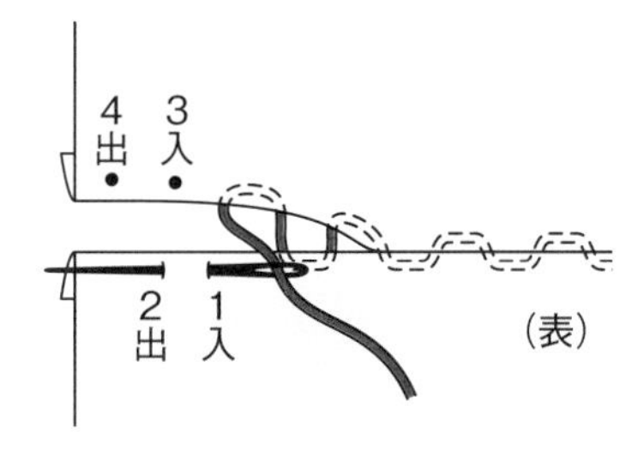

布を突き合わせて、折り山から出した糸を等間隔にコの字に渡しながら折り山をすくう。

ランチョンマット

» Photo p.6

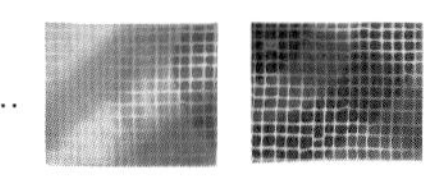

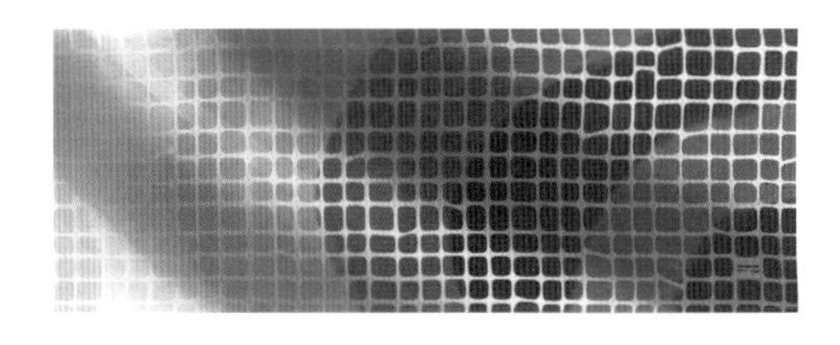

材料

手ぬぐい：あやなす／瑠璃（JIKAN STYLE） 1枚
タオルまたはキルト芯：33×44㎝
手ぬい糸

裁ち方図 ※○の数字のぬいしろを含む 単位㎝
※青色線――は手ぬぐいの耳です。

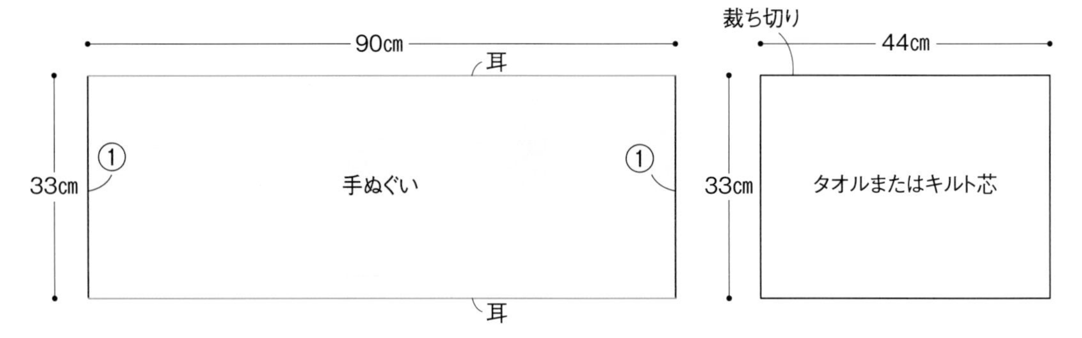

作り方

1 タオルを挟んで端を折る

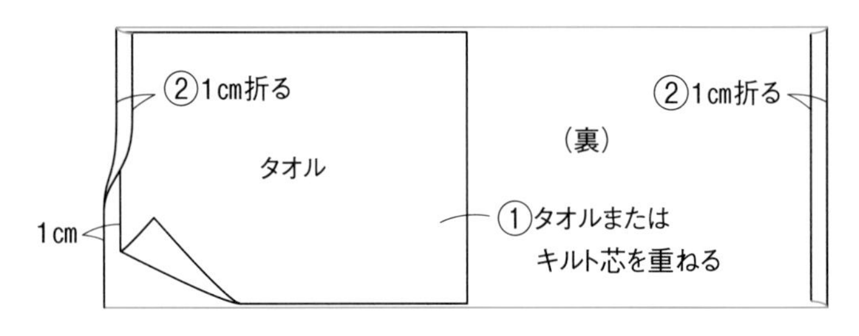

2 外表に折ってぬう

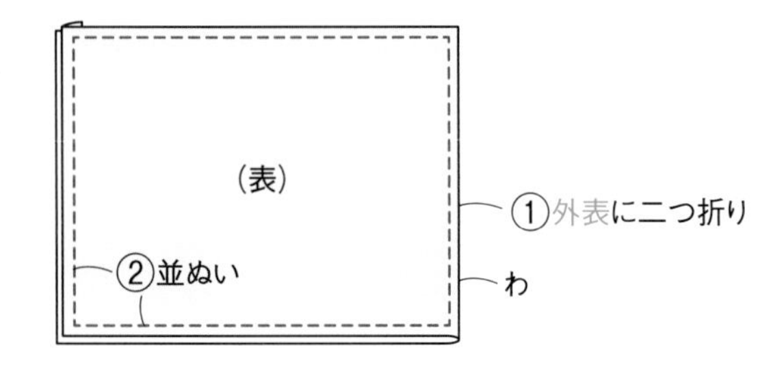

(B) コースター

≫ Photo p.6

材料

コースター6個分　手ぬぐい：露草（あひろ屋）　1枚
手ぬい糸

裁ち方図　※○の数字のぬいしろを含む　単位cm
※青色線――は手ぬぐいの耳です。

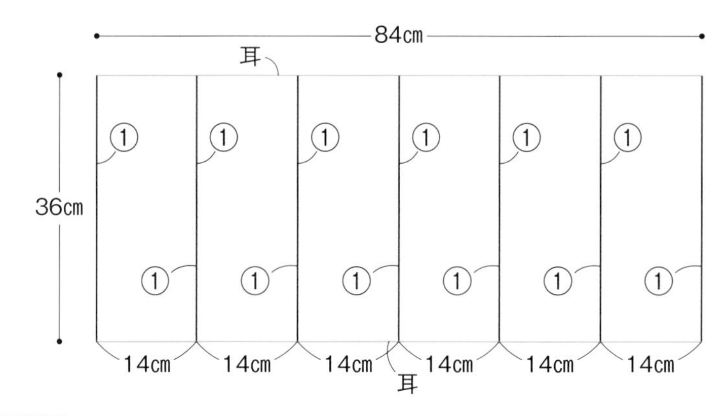

作り方

1　両端を折って三つ折り

2　まわりをぬう

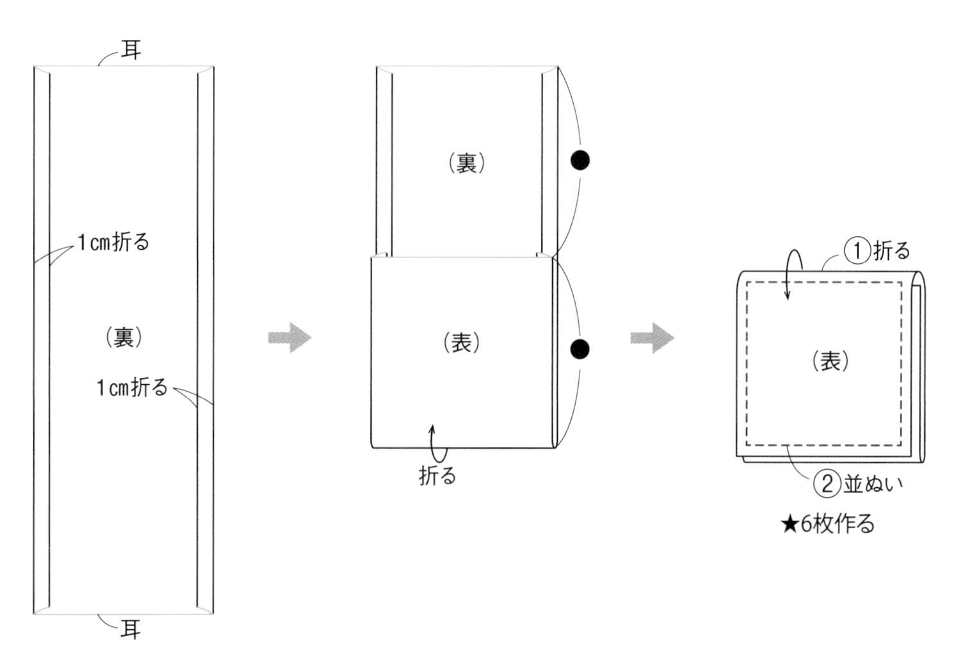

C 鍋つかみ

» Photo p.7

材料

鍋つかみ2個分　手ぬぐい：綾杉／茶（あひろ屋）　1枚
タオル：15×30cm　2枚
手ぬい糸

裁ち方図　※○の数字のぬいしろを含む　単位cm
※青色線——は手ぬぐいの耳です。

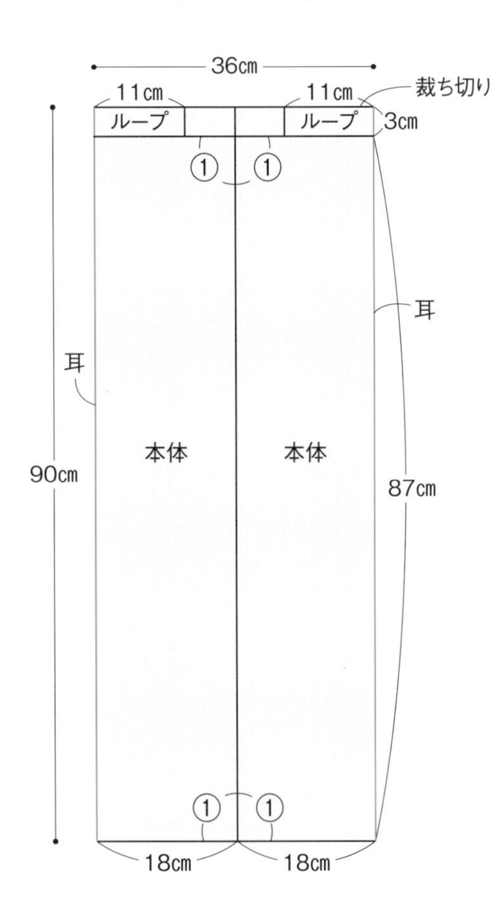

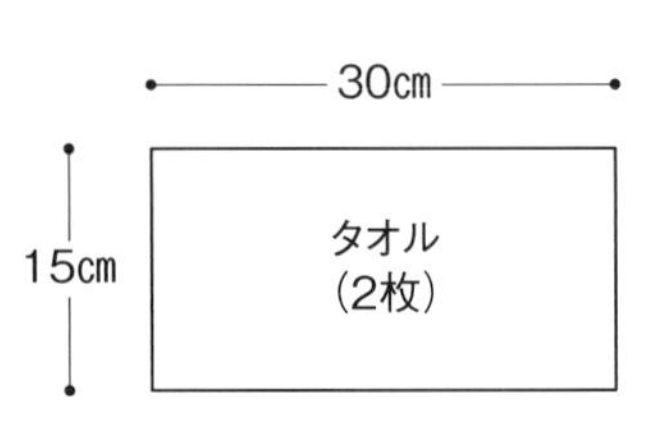

作り方

1　本体をぬう

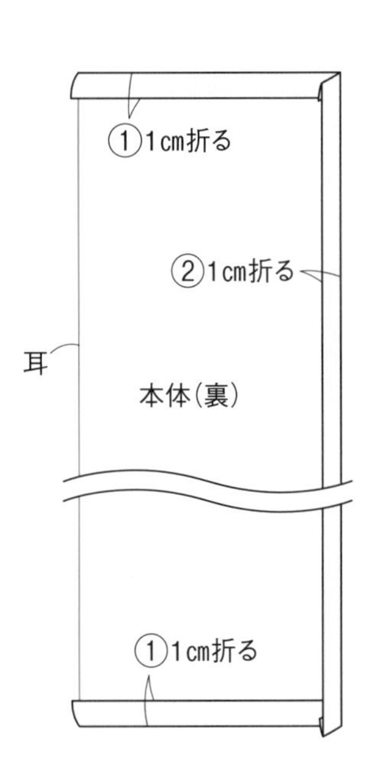

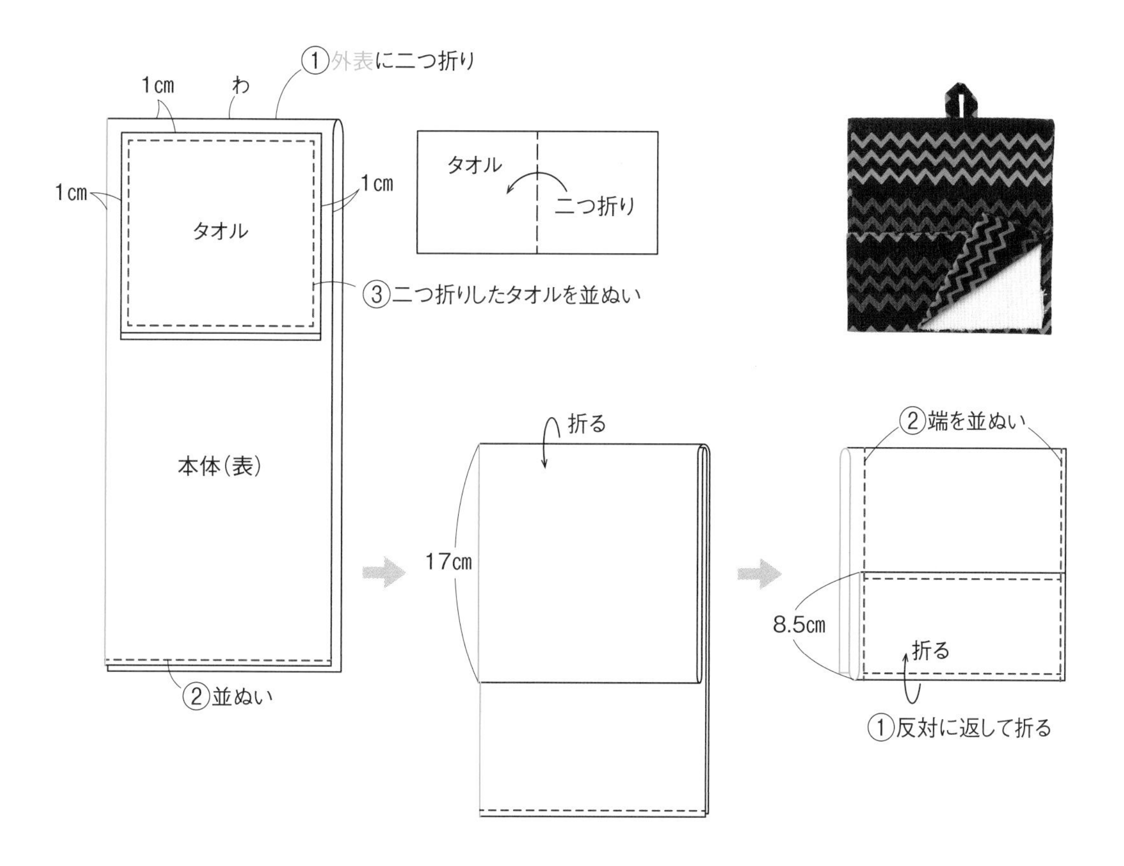

2 ループを作ってつける

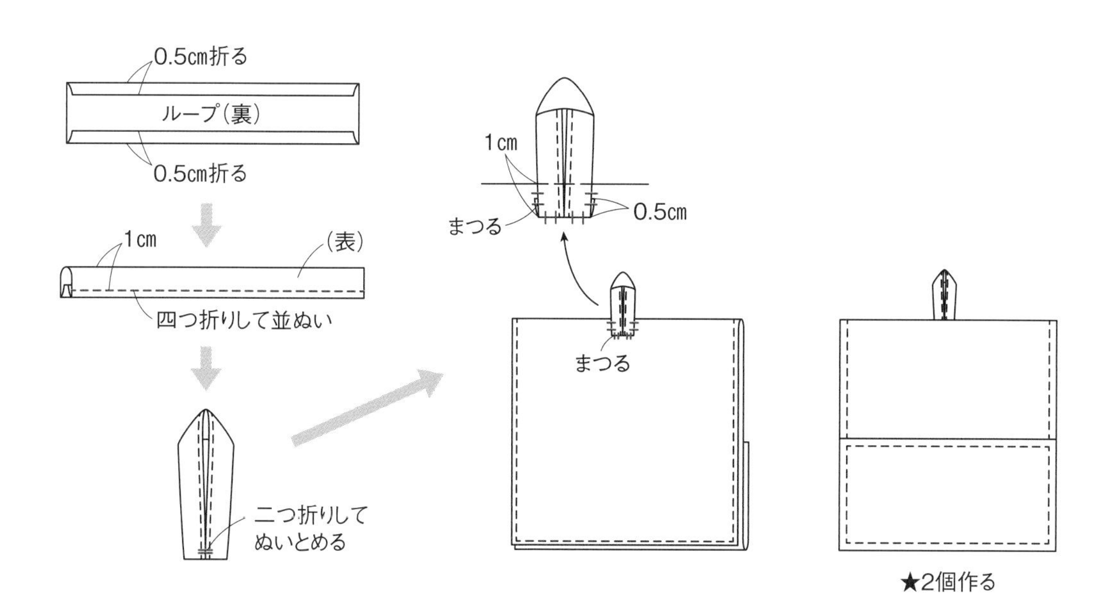

D エプロン

» Photo p.8

材料

手ぬぐい：和風レース／ブルー（JIKAN STYLE）　2枚
綿テープ：幅2cm　274cm
手ぬい糸

裁ち方図

※〇の数字のぬいしろを含む
単位cm
※青色線――は手ぬぐいの耳です。

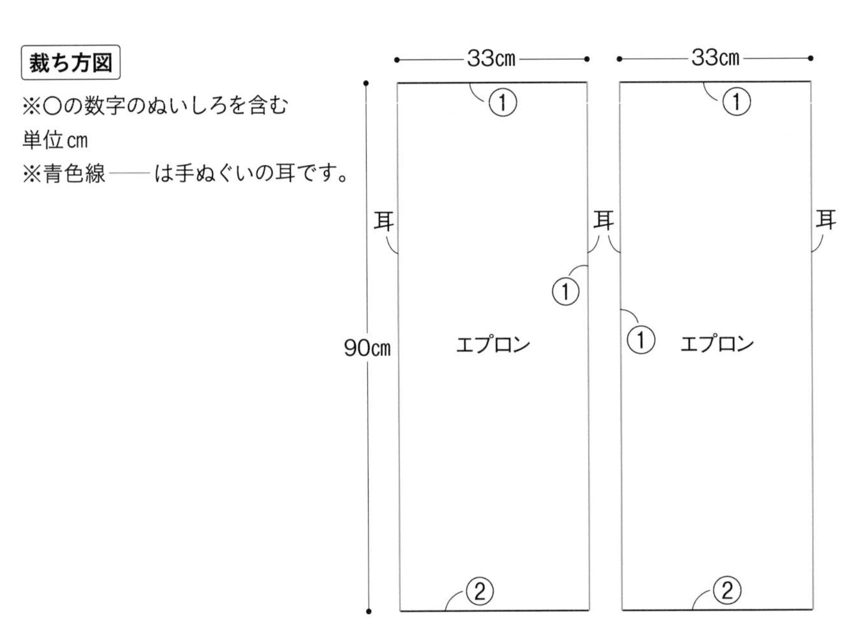

作り方

1 手ぬぐい2枚をぬい合わせる

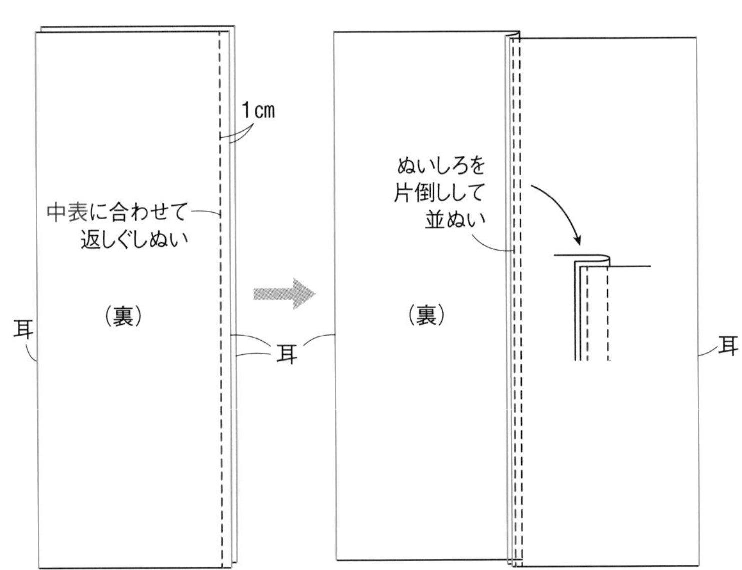

2 胸元をぬう

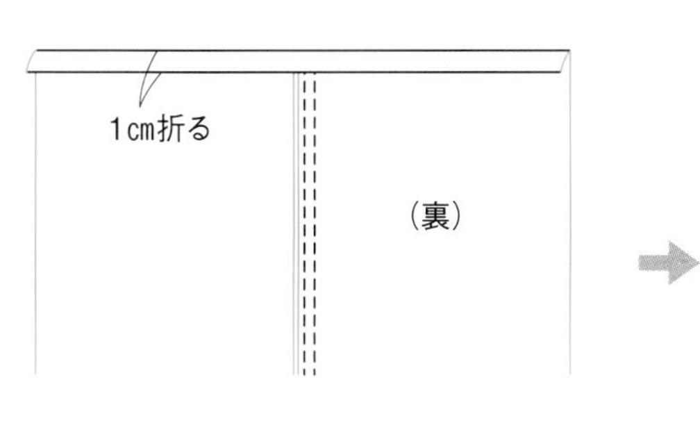

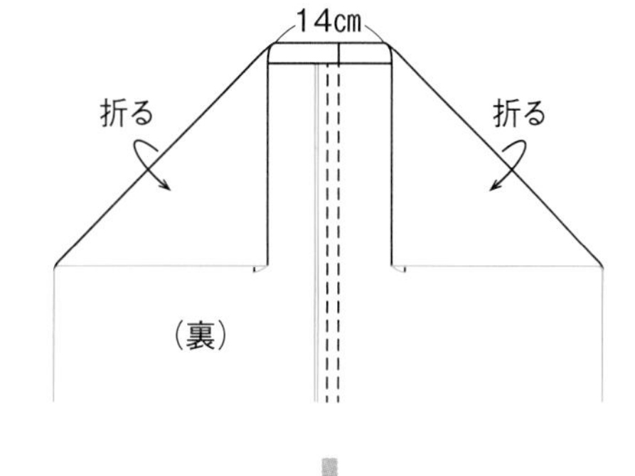

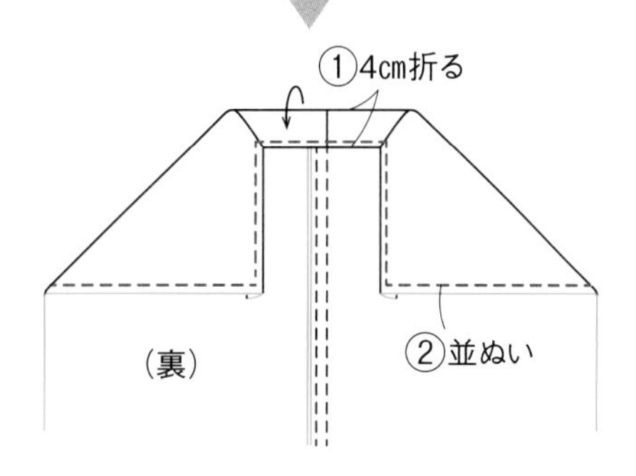

3 裾をぬう

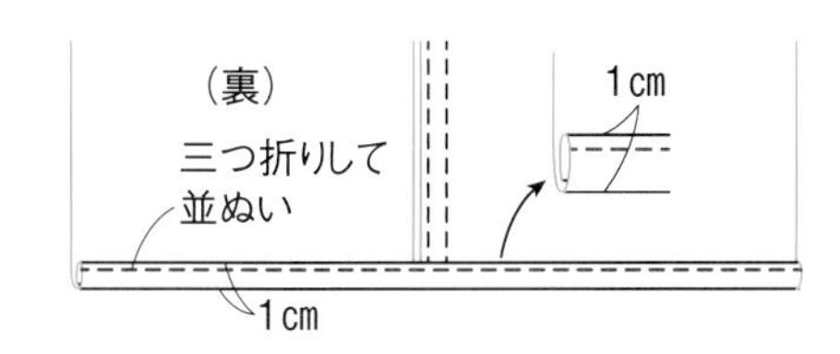

4 綿テープをつける

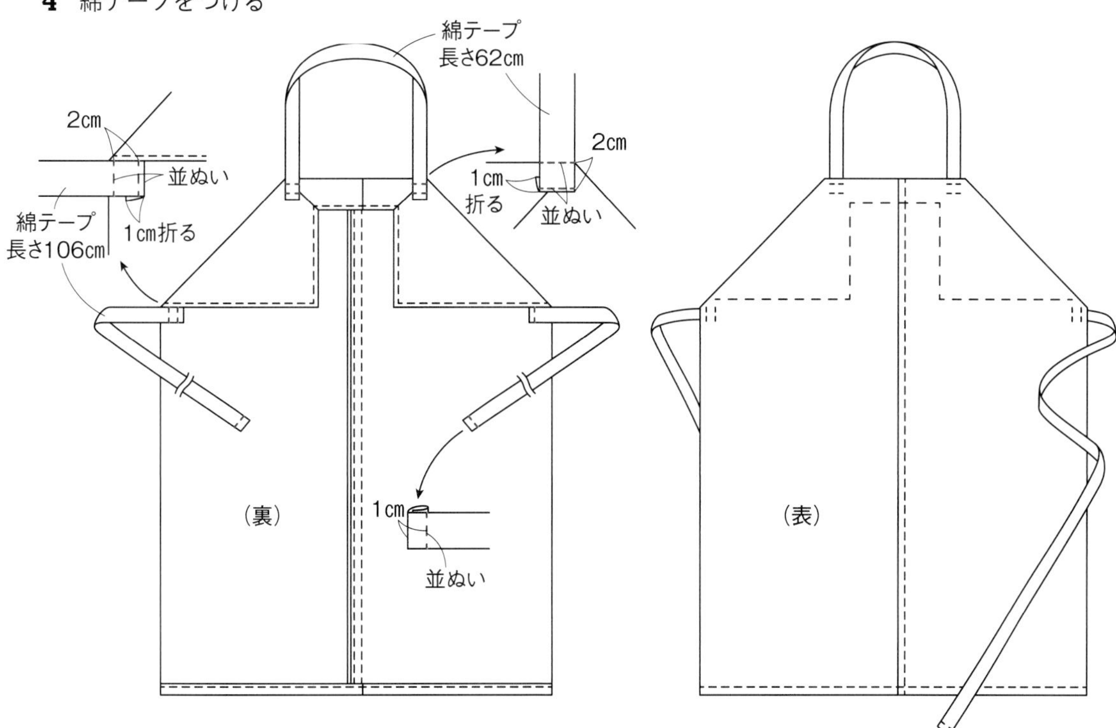

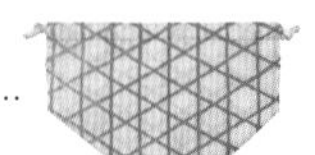

(E) お弁当袋 » Photo p.9

材料

手ぬぐい：籠目／草色（あひろ屋） 1枚
手ぬい糸

裁ち方図

※○の数字のぬいしろを含む 単位cm
※青色線――は手ぬぐいの耳です。

36cm
90cm
耳
① 表布 45cm
ひも ひも
①
①
70cm 70cm
裏布 45cm
耳
①
3cm 30cm 3cm

※ひもは裁ち切り

作り方

1 まちを折る

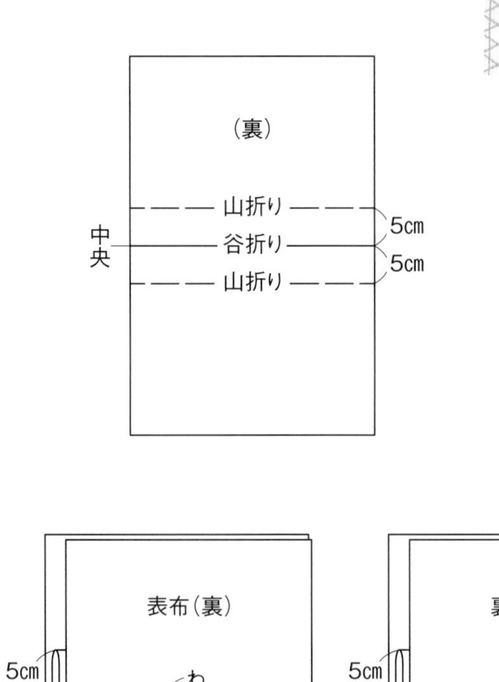

2 表布、裏布を合わせてぬう

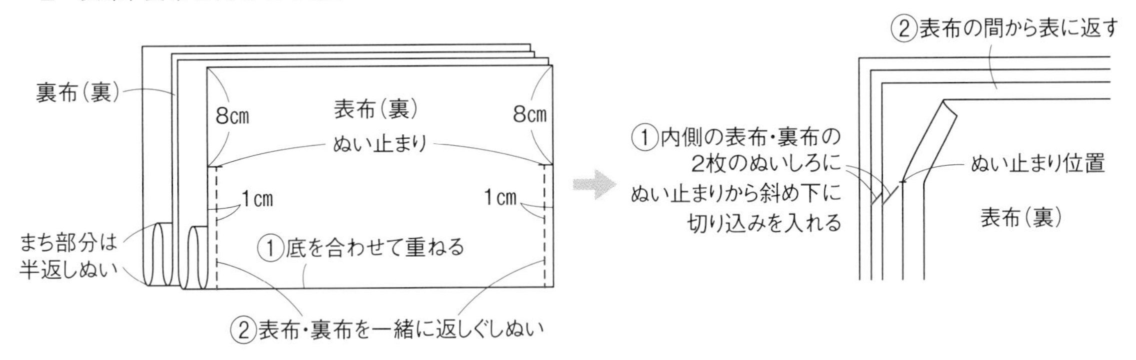

3 ひも通しと入れ口をぬう

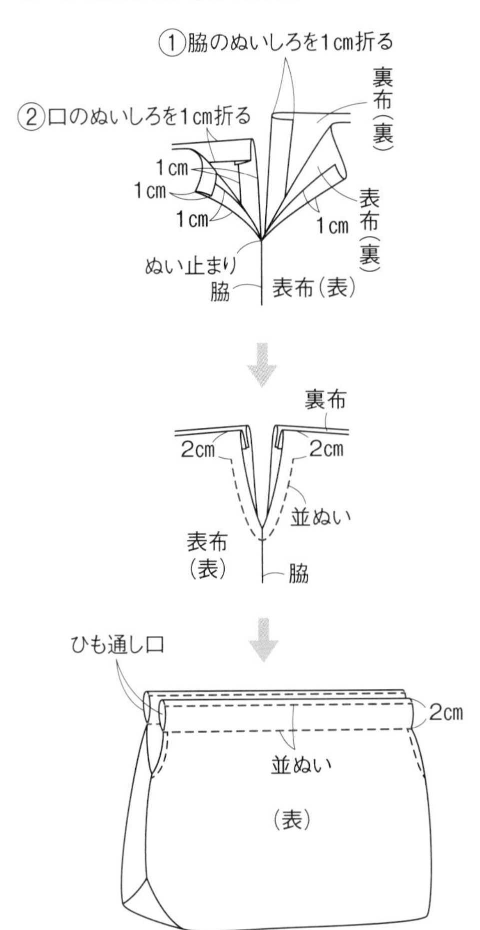

4 ひもを作って通す

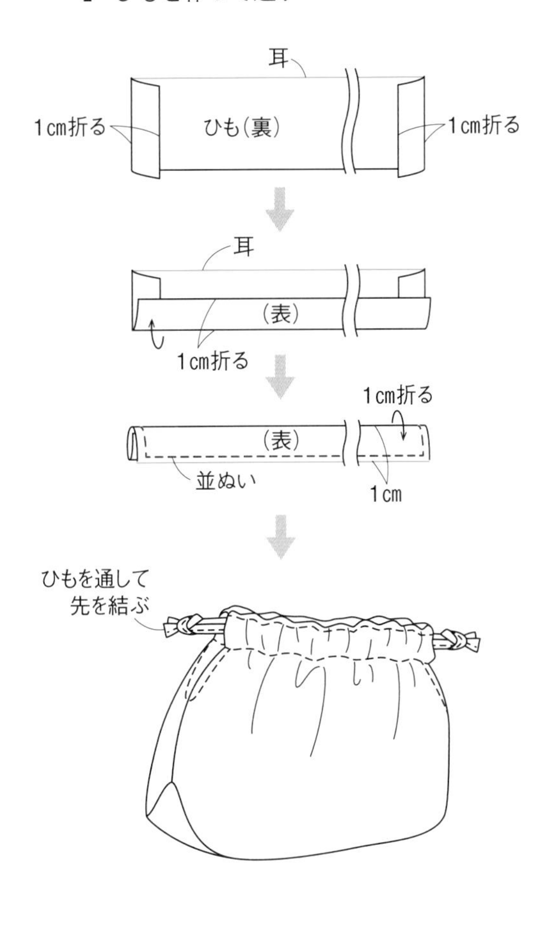

(F) 箸入れ » Photo p.9

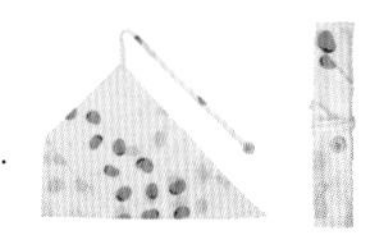

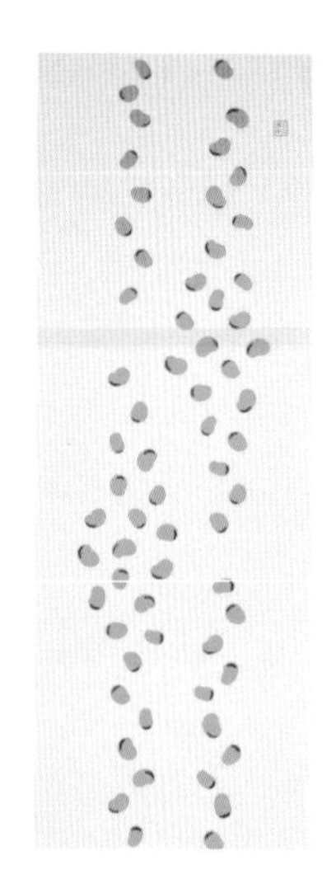

材料

手ぬぐい：おはぐろそらまめ（染の安坊）　1枚
ボタン：直径2cm　1個
手ぬい糸

裁ち方図　※○の数字のぬいしろを含む　単位cm
※青色線——は手ぬぐいの耳です。

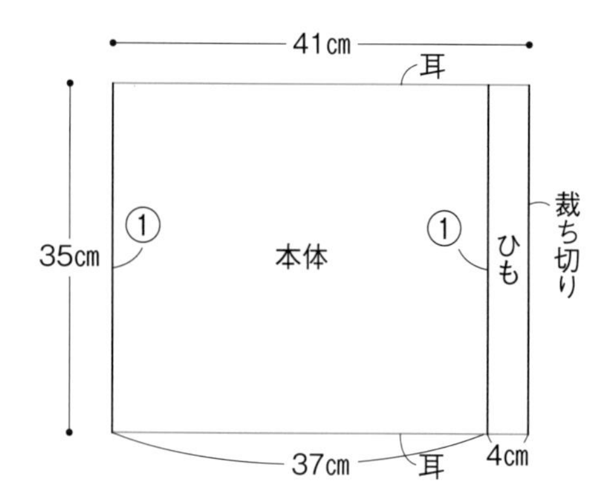

作り方

1 本体をぬう

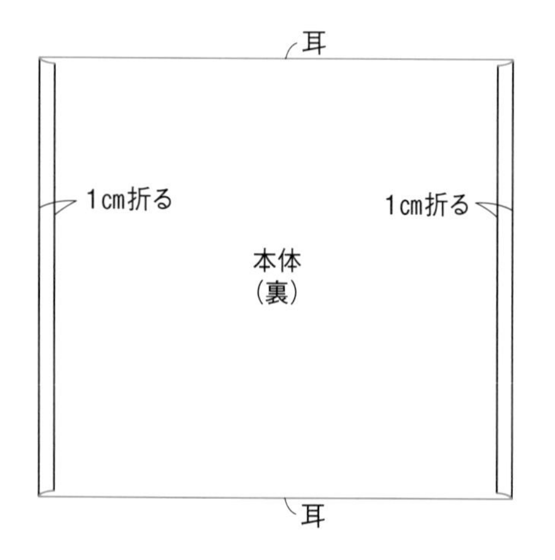

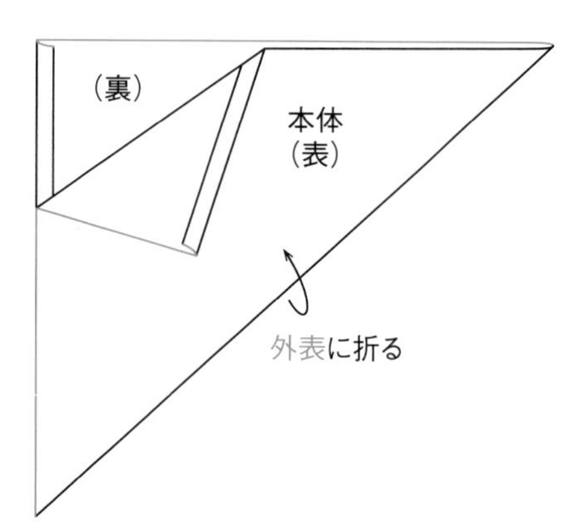

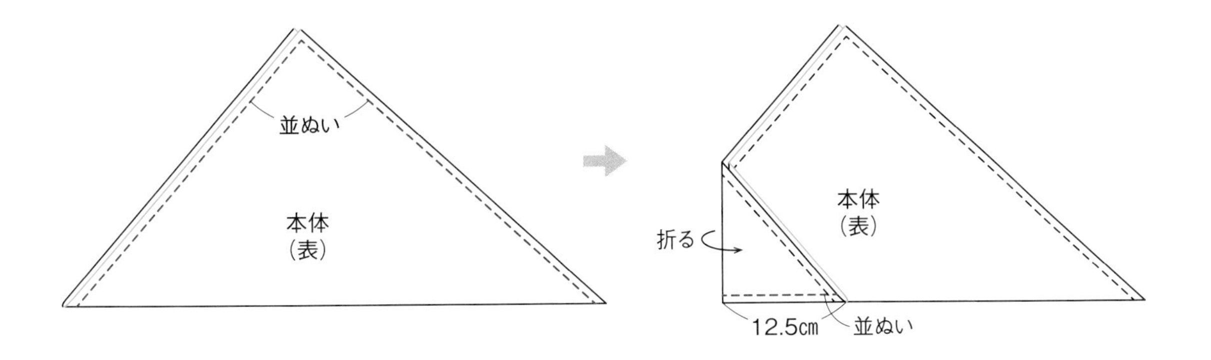

2 ひもを作ってつける

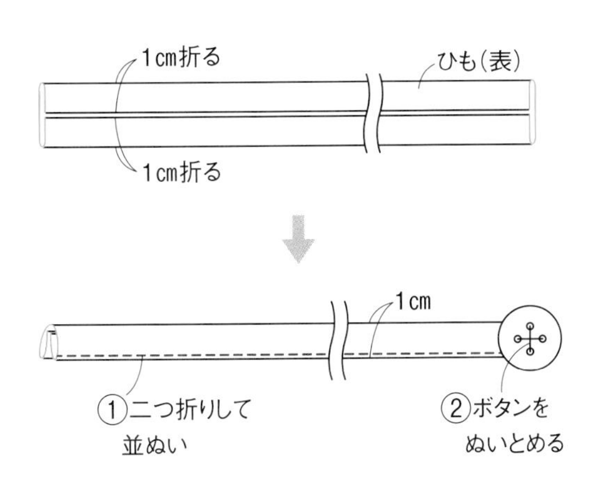

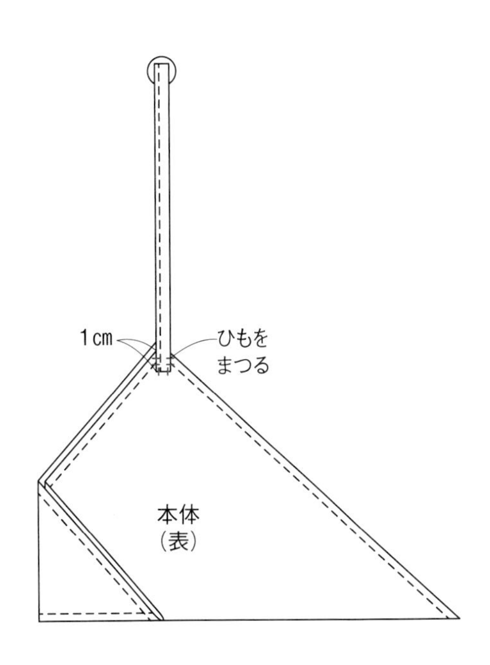

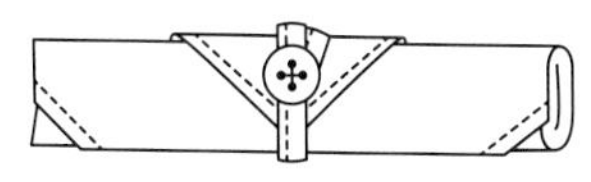

※箸を入れたら、くるくる巻く。

(G) 手さげバッグ » Photo p.10

材料

手ぬぐい：小鳥のパーティー（染の安坊）　1枚
手ぬい糸

裁ち方図

※○の数字のぬいしろを含む　単位cm
※青色線――は手ぬぐいの耳です。

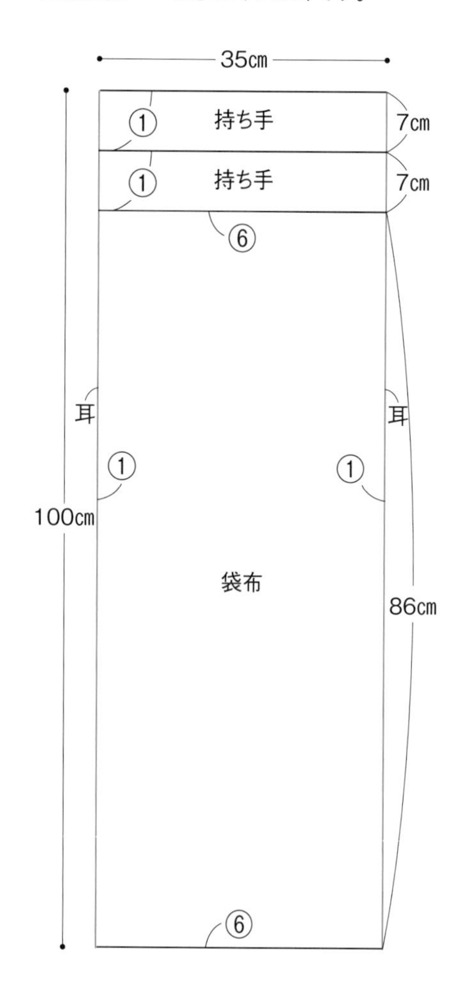

作り方

1　袋布をぬう

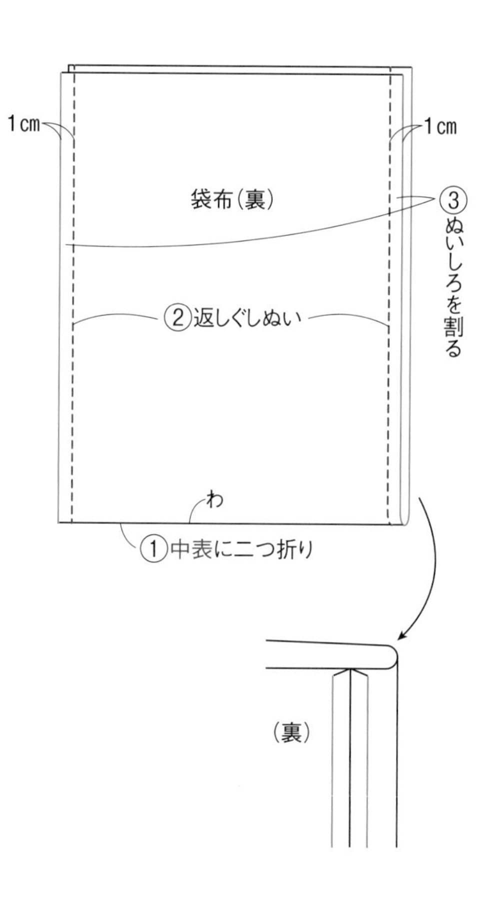

2 入れ口をぬう

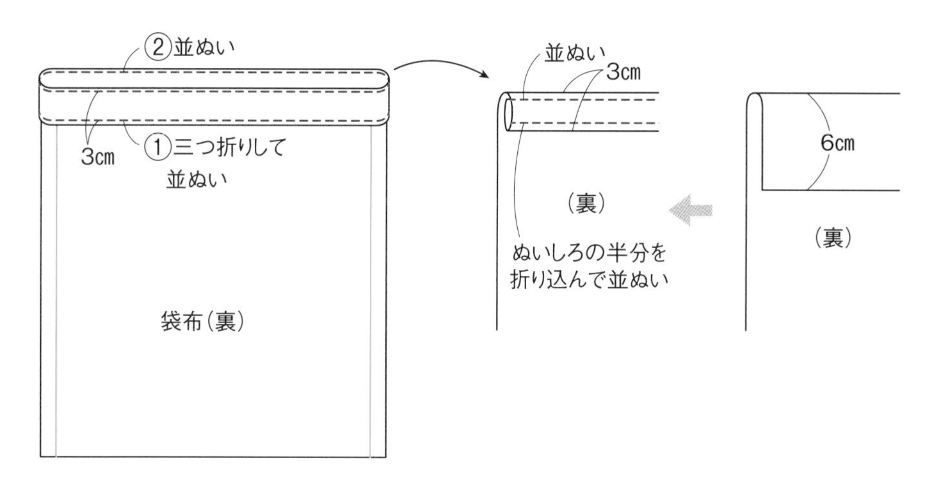

3 持ち手を作ってつける

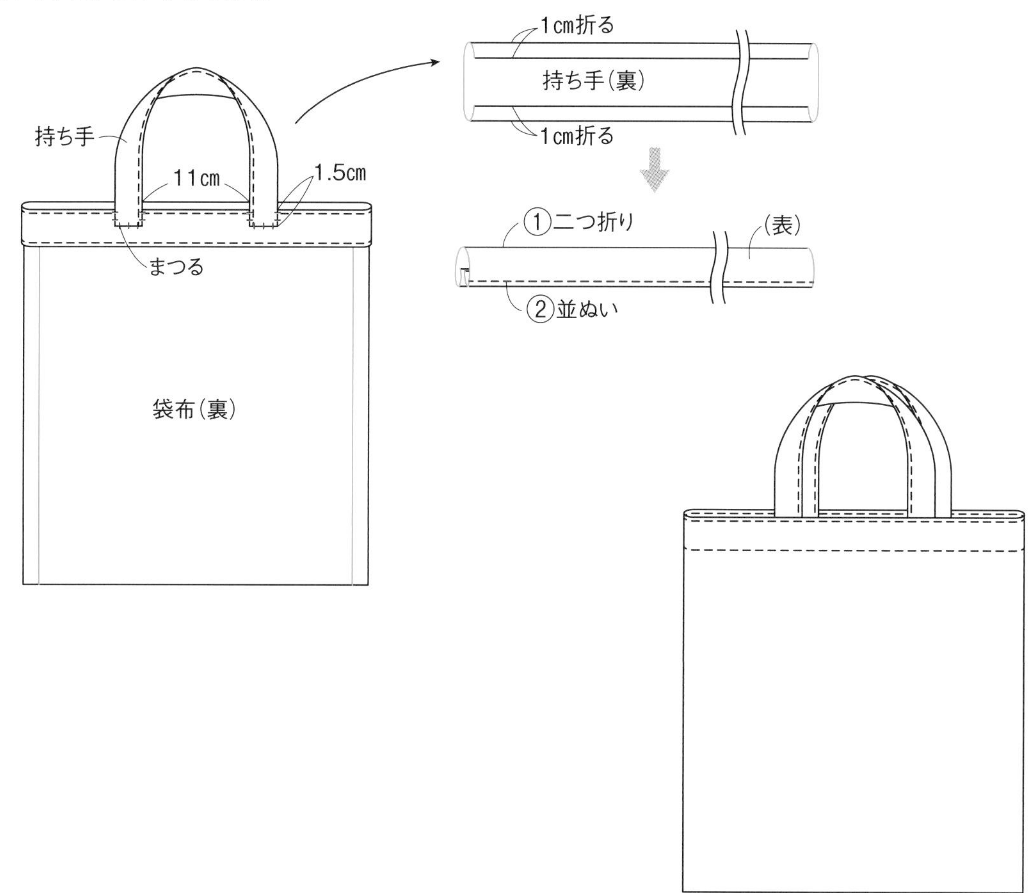

(H) ショルダーバッグ サコッシュ » Photo p.11

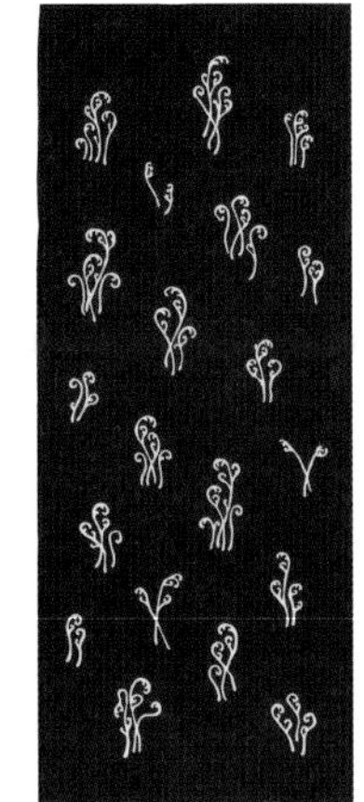

材料

手ぬぐい：蕨／柚葉色（あひろ屋） 1枚
ボタン：直径2.6cm 1個
手ぬい糸

裁ち方図

※○の数字のぬいしろを含む 単位cm
※青色線——は手ぬぐいの耳です。

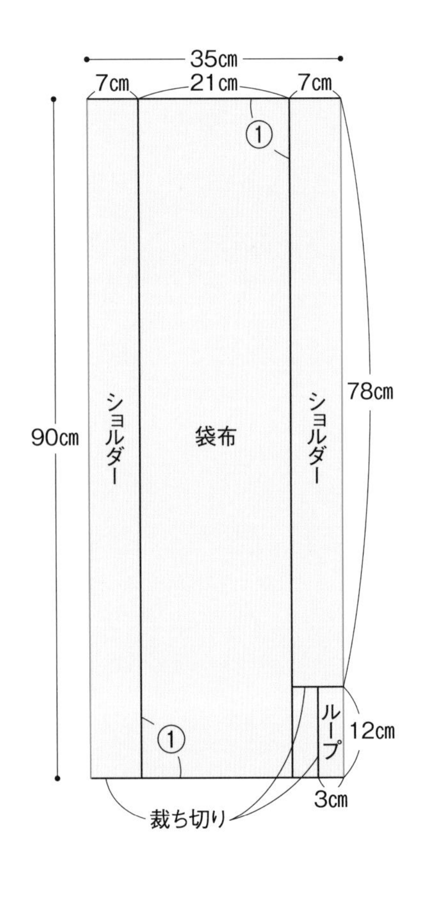

作り方

1 袋布をぬう

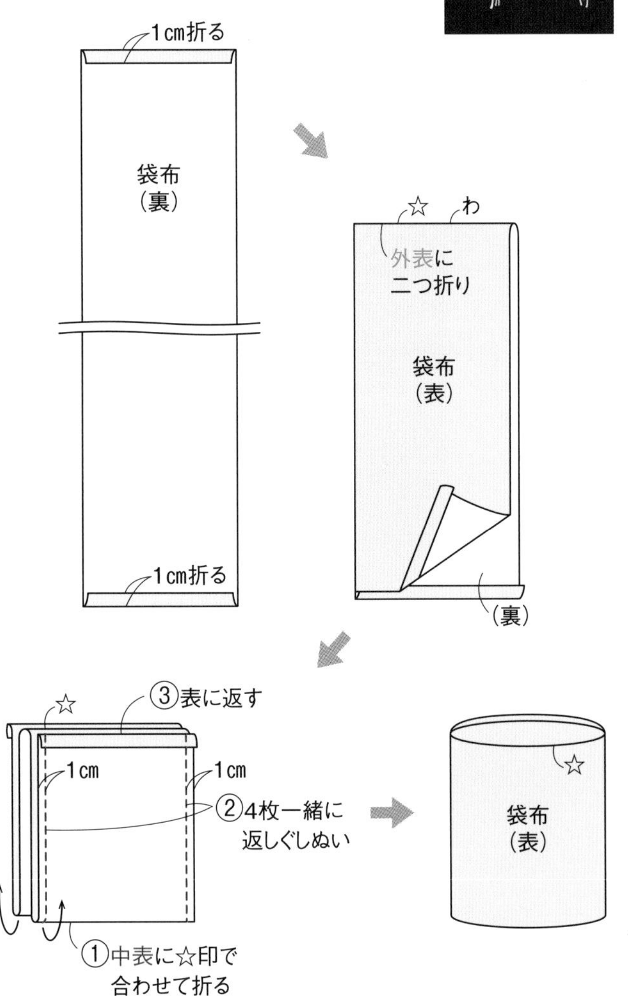

2 入れ口をぬう

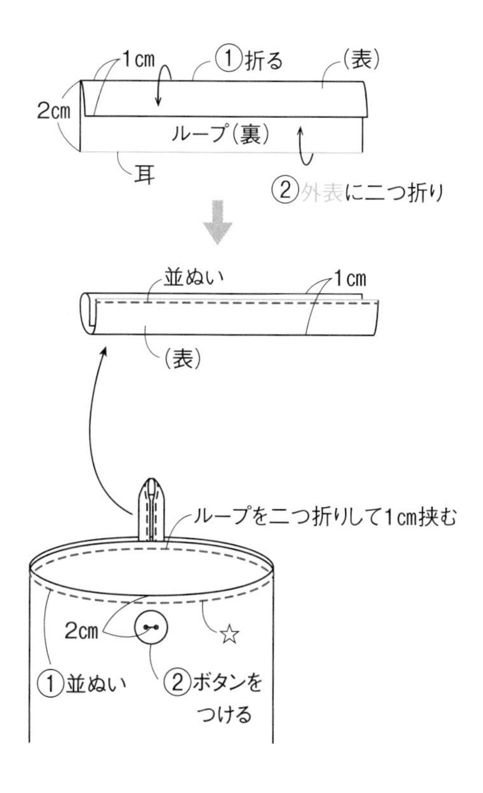

3 ショルダーをぬう

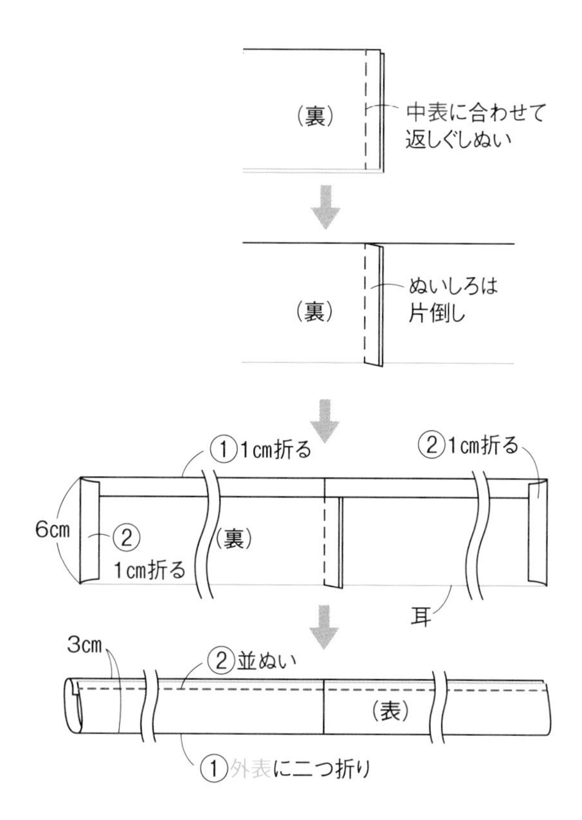

2 ショルダーをつける

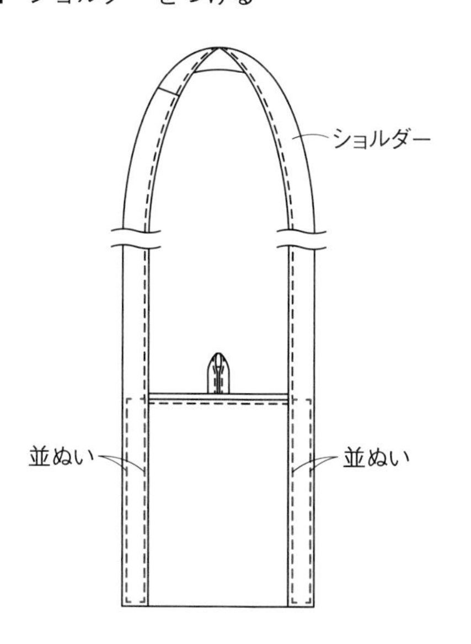

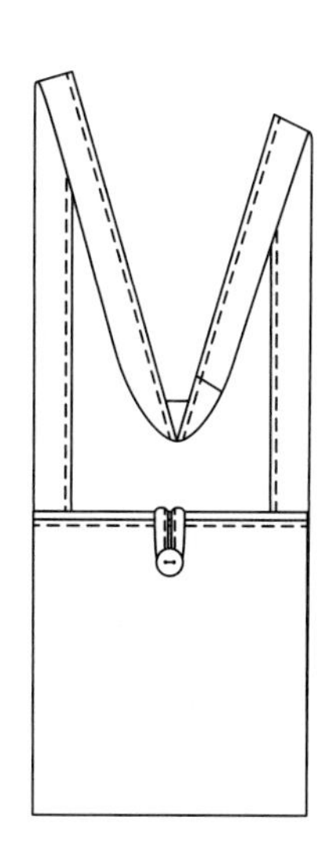

I タブレットケース

» Photo p.12

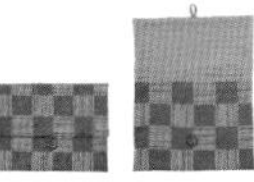

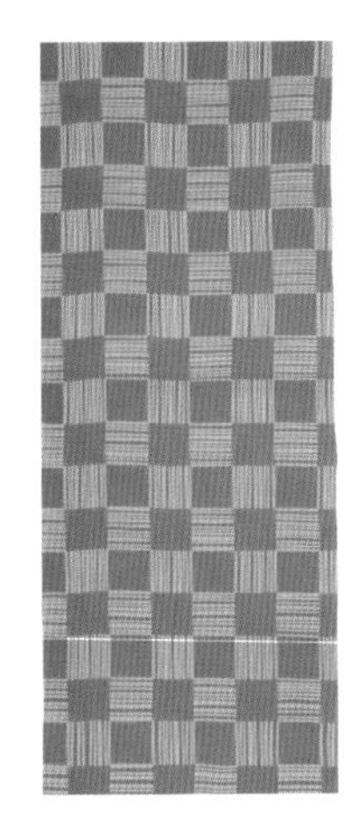

材料

手ぬぐい：縞市松（あひろ屋） 1枚
タオル：57×30cm
ボタン：直径2.2cm 1個
手ぬい糸

裁ち方図 ※○の数字のぬいしろを含む 単位cm
※青色線――は手ぬぐいの耳です。

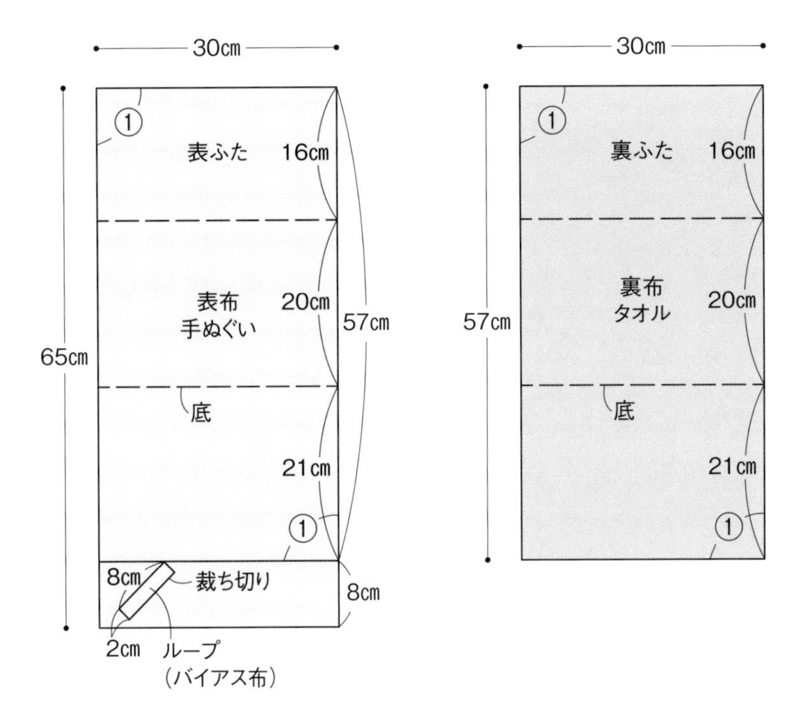

作り方

1 ループを作る

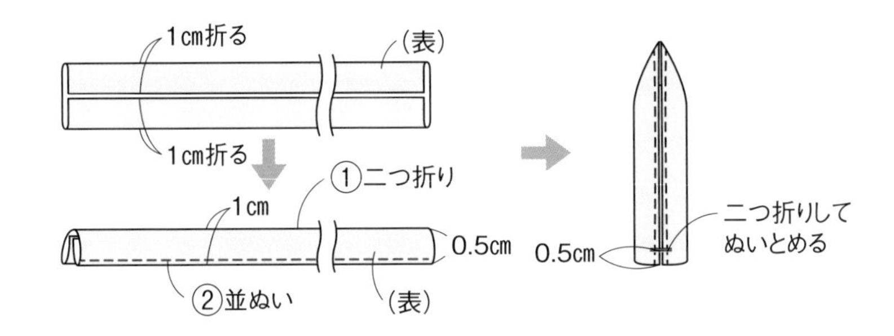

2 表布、裏布を合わせてぬう

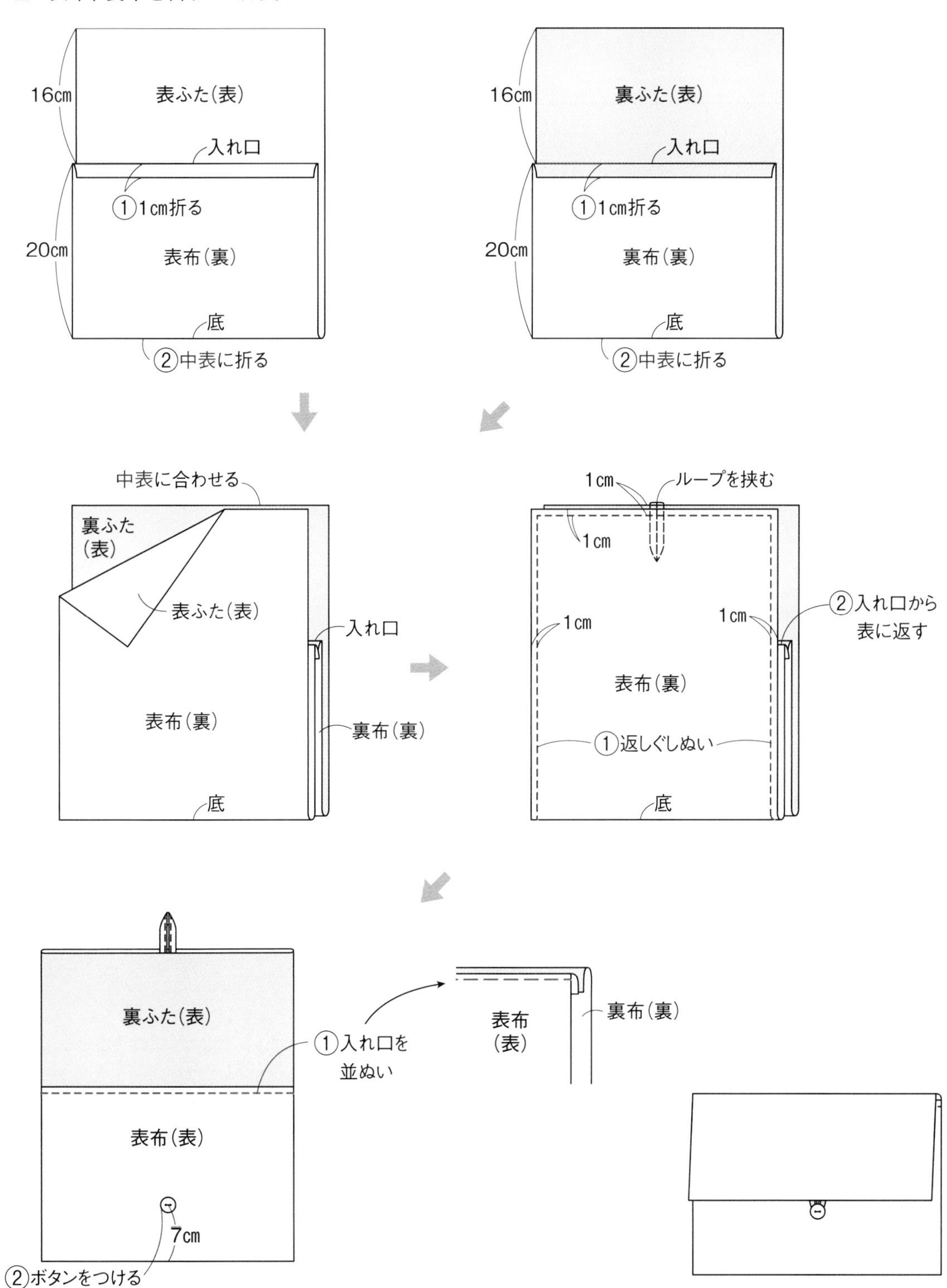

J　巾着形ポーチ　» Photo p.13

材料

ポーチ3個分　手ぬぐい：朝顔更紗　臙脂（染の安坊）　1枚
ロープ：大　60cm
　　　　小　50cm×2本
手ぬい糸

裁ち方図　※○の数字のぬいしろを含む　単位cm
※青色線――は手ぬぐいの耳です。

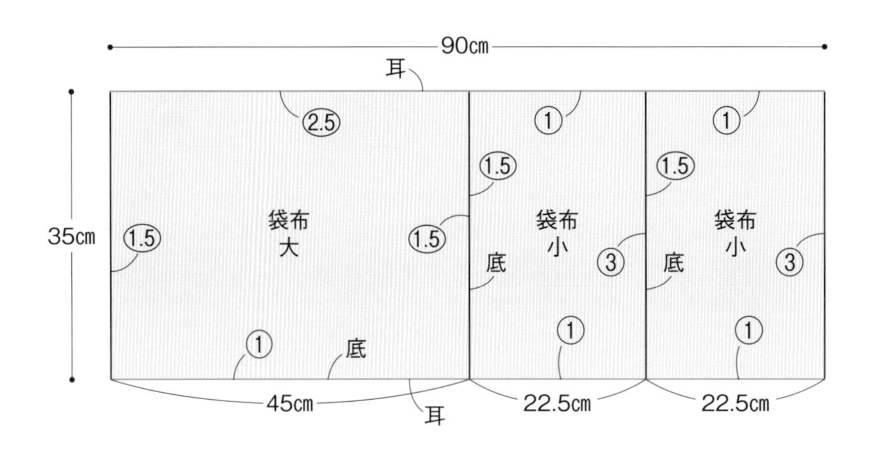

作り方｜大

1　袋にぬう

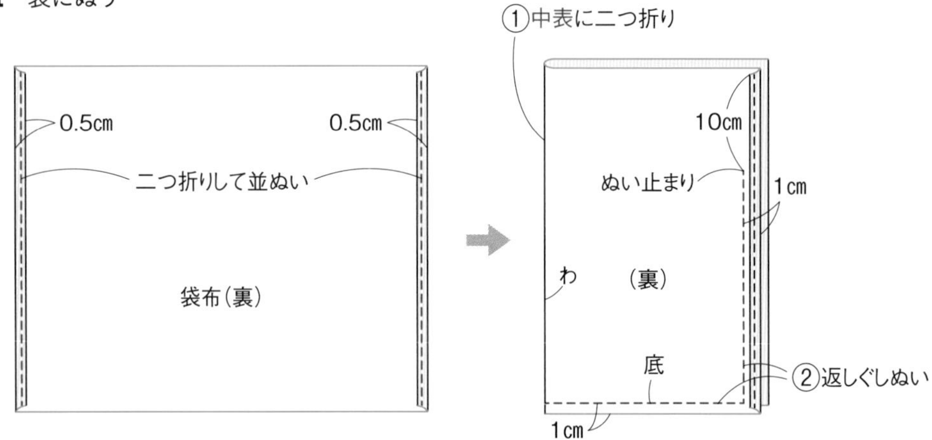

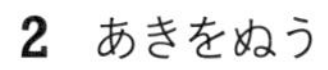

2 あきをぬう

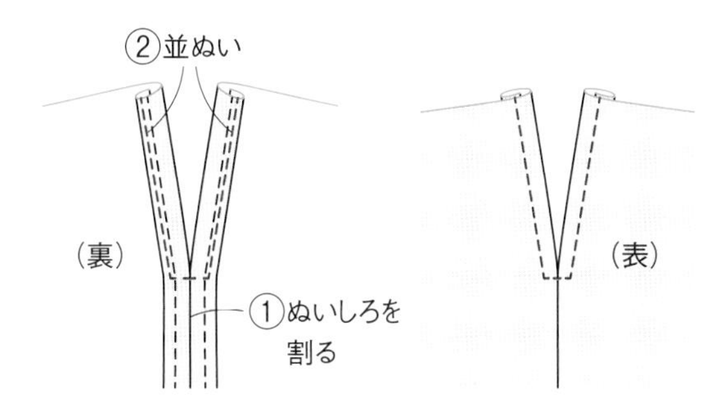

3 入れ口をぬい、
ロープを通す

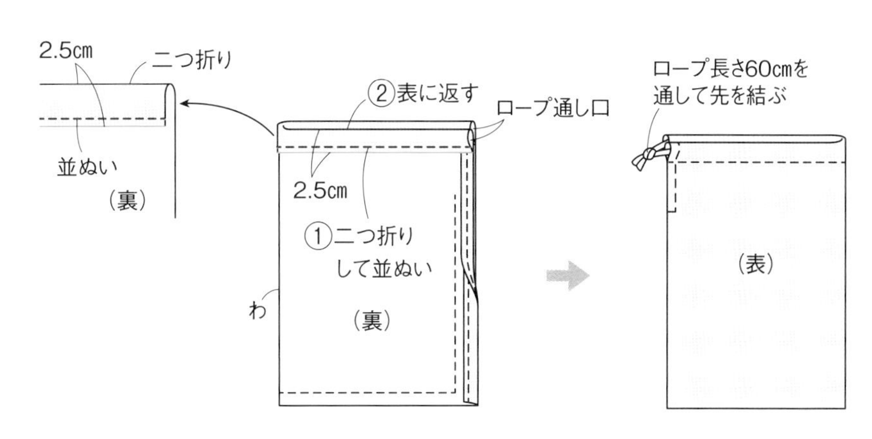

作り方｜小

1 袋にぬう

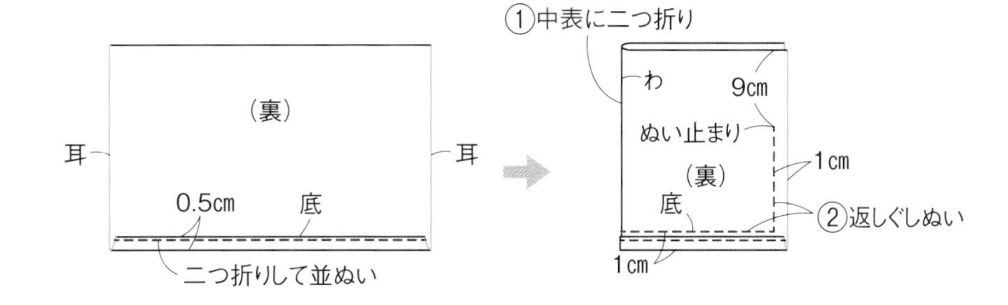

2 あきをぬう

3 入れ口をぬい、ロープを通す

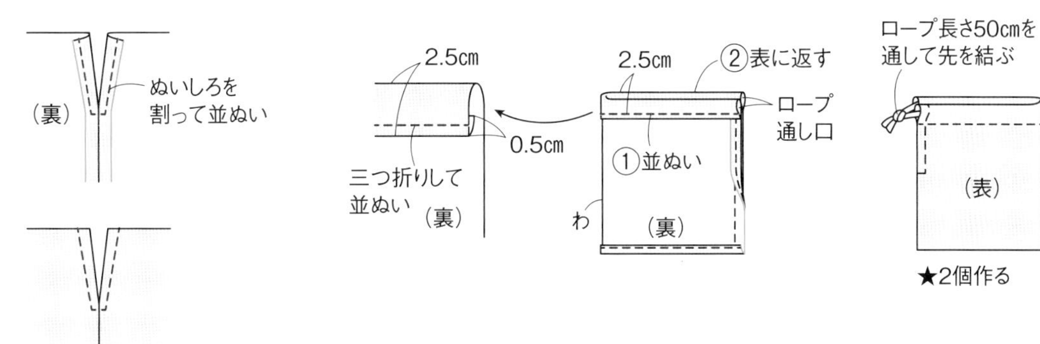

★2個作る

(K) あずま袋 » Photo p.14

材料

手ぬぐい：冬苺（あひろ屋） 1枚
手ぬい糸

裁ち方図 ※○の数字のぬいしろを含む 単位cm
※青色線――は手ぬぐいの耳です。

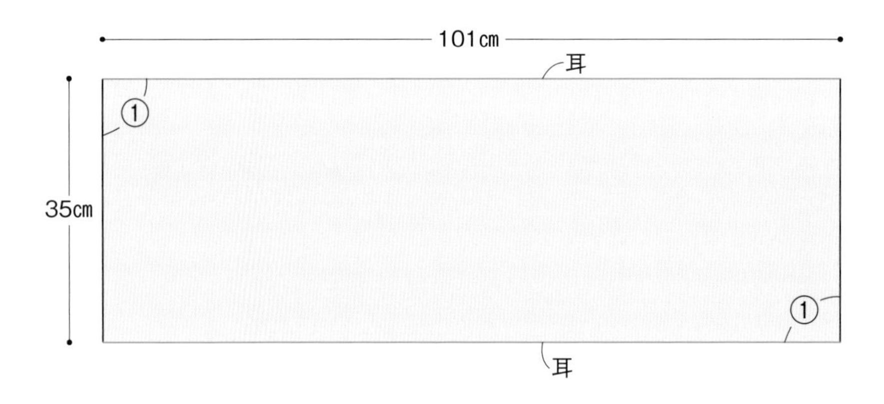

作り方

1 端を三つ折りしてぬう

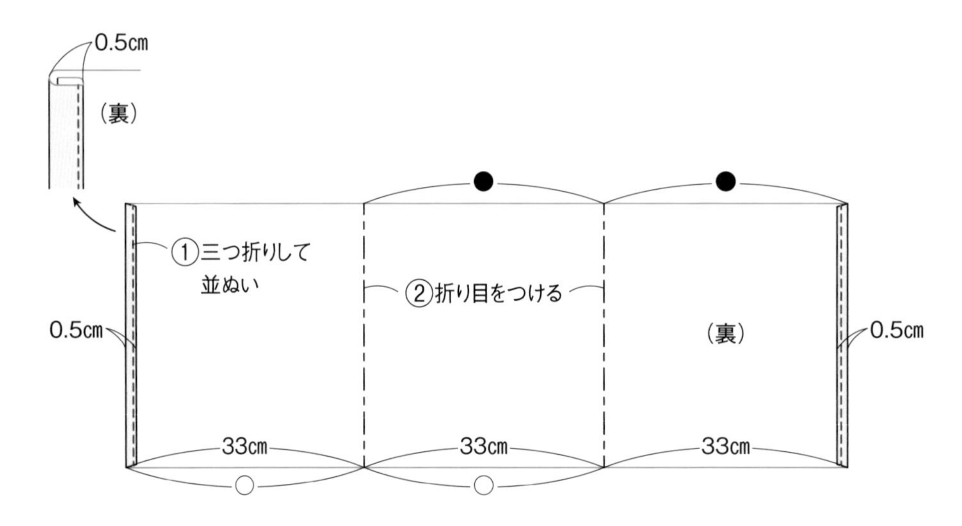

2 ●と●、○と○を合わせてぬう

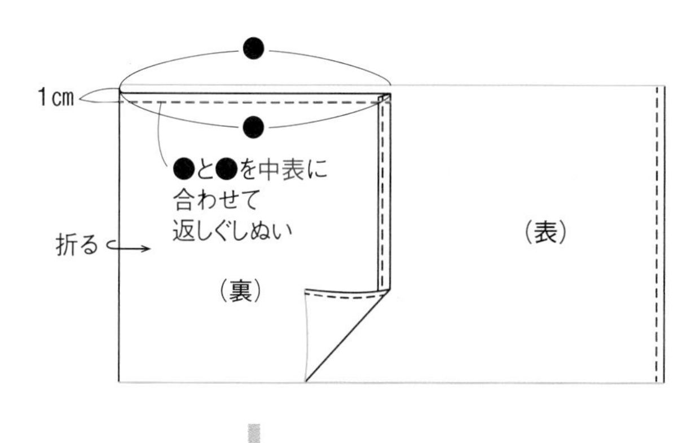
●
1㎝
●
●と●を中表に
合わせて
返しぐしぬい
折る
（裏）
（表）

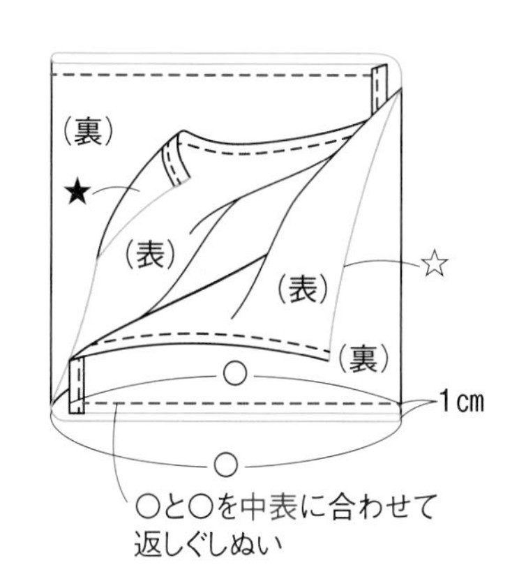
（裏）
★
（表）
（表）
☆
（裏）
○
1㎝
○
○と○を中表に合わせて
返しぐしぬい

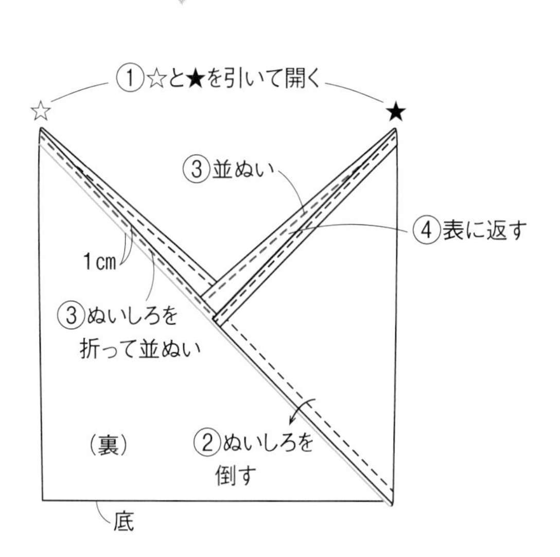
①☆と★を引いて開く
☆
★
③並ぬい
④表に返す
1㎝
③ぬいしろを
折って並ぬい
（裏）
②ぬいしろを
倒す
底

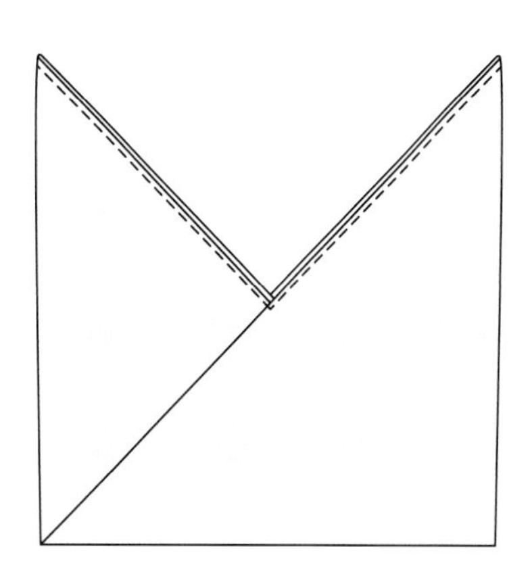

(L) 大きめのエコバッグ

» Photo p.15

材料

手ぬぐいA：切子硝子（JIKAN STYLE） 1枚
手ぬぐいB：孔雀の宙（JIKAN STYLE） 1枚
手ぬい糸

裁ち方図 ※○の数字のぬいしろを含む 単位cm
※青色線――は手ぬぐいの耳です。

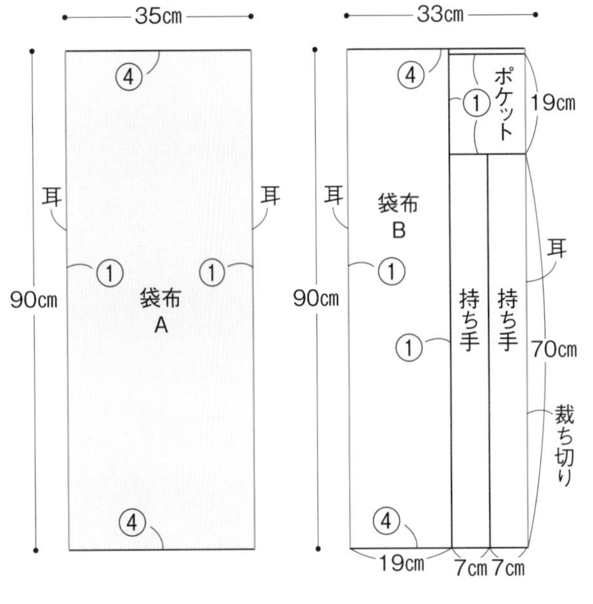

作り方

1 袋布A、Bを
ぬい合わせる

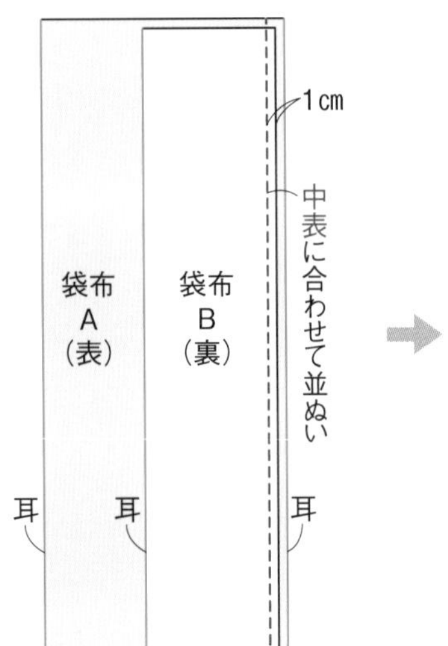

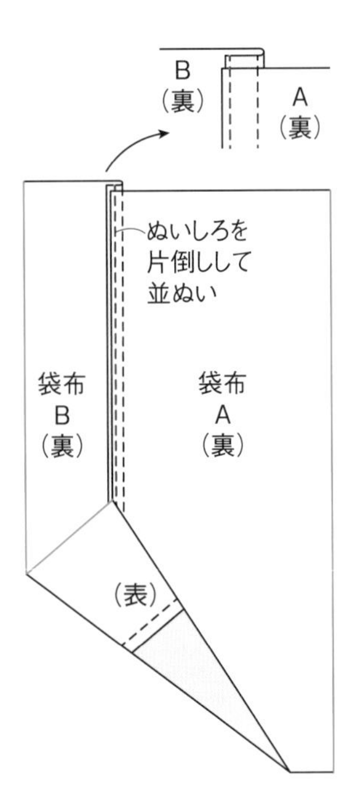

2 ポケットをつける

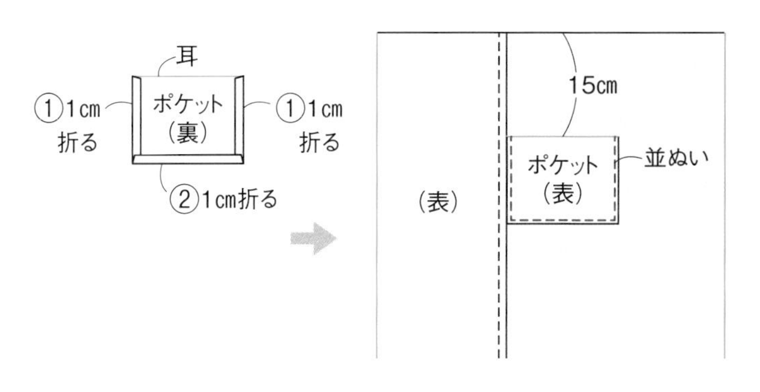

3 袋にぬう

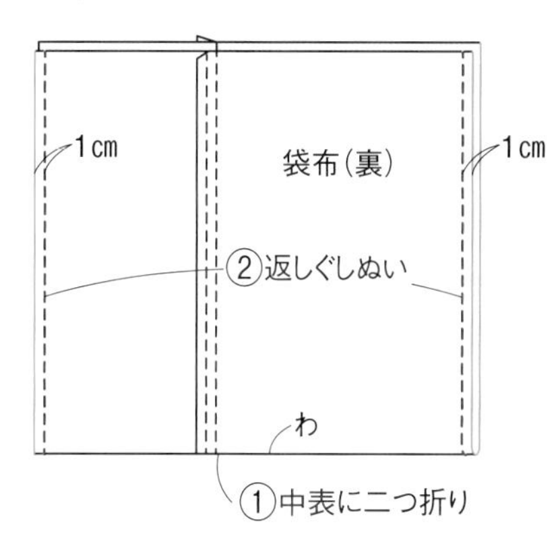

4 持ち手を作る

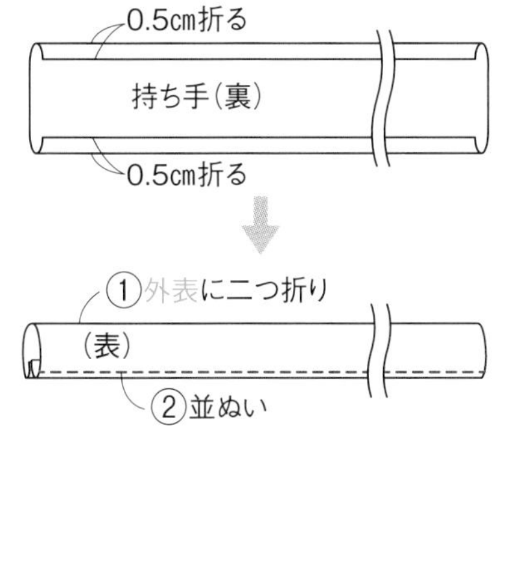

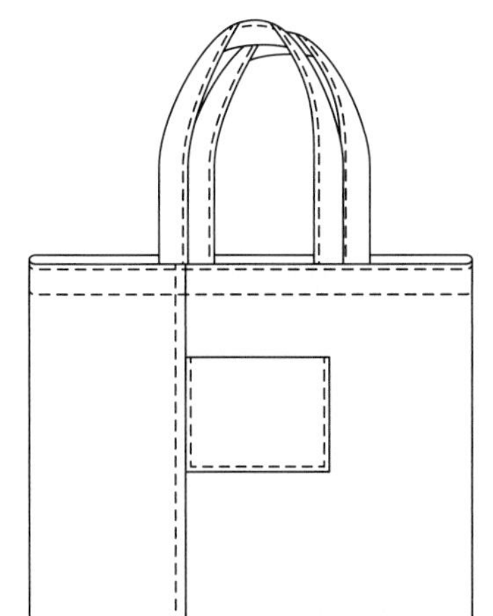

5 持ち手をつけ、入れ口をぬう

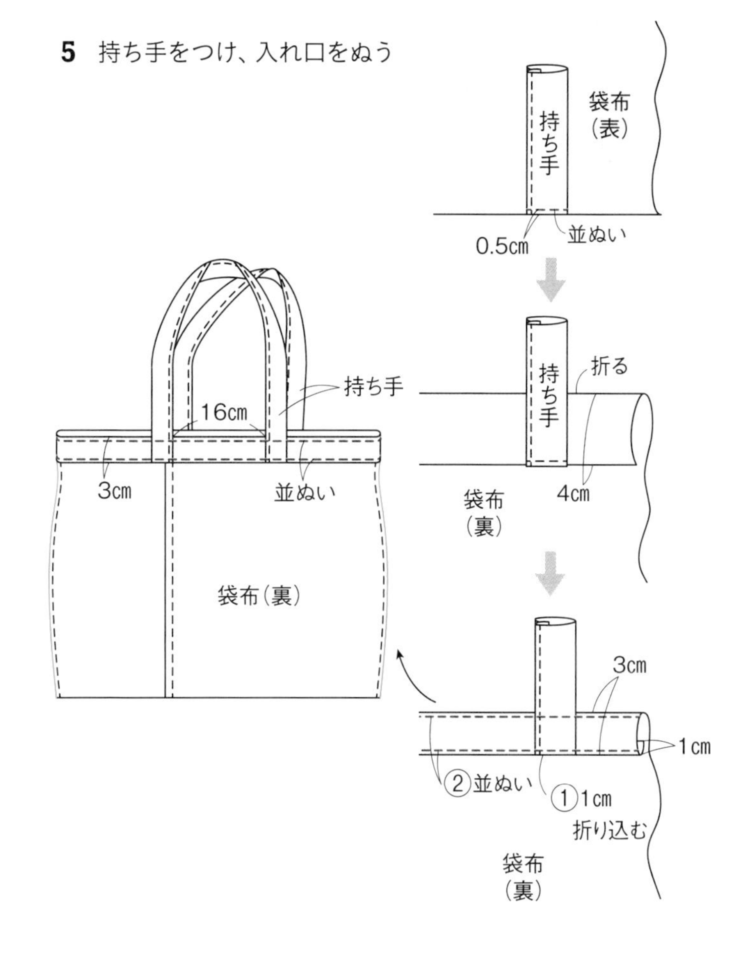

(M) エコバッグ レジ袋タイプ » Photo p.16

材料

手ぬぐい：オニオン紫（染の安坊） 1枚

手ぬぐい糸

裁ち方図

※○の数字のぬいしろを含む 単位cm

※青色線――は手ぬぐいの耳です。

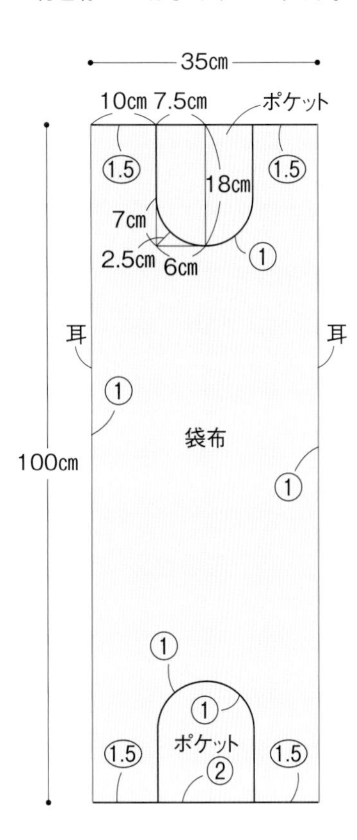

作り方

1 袋布、ポケットを裁つ

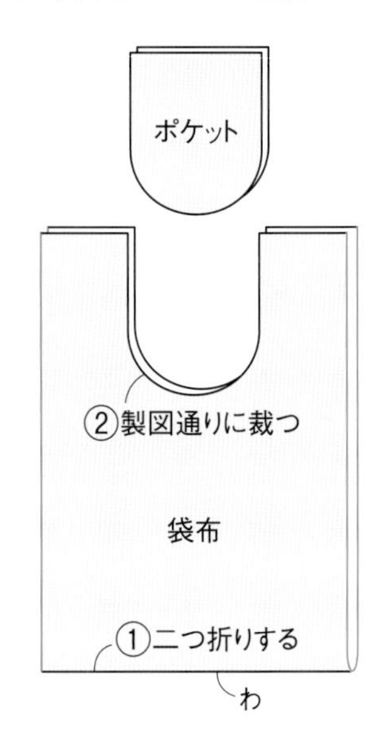

2 ポケットを作ってつける

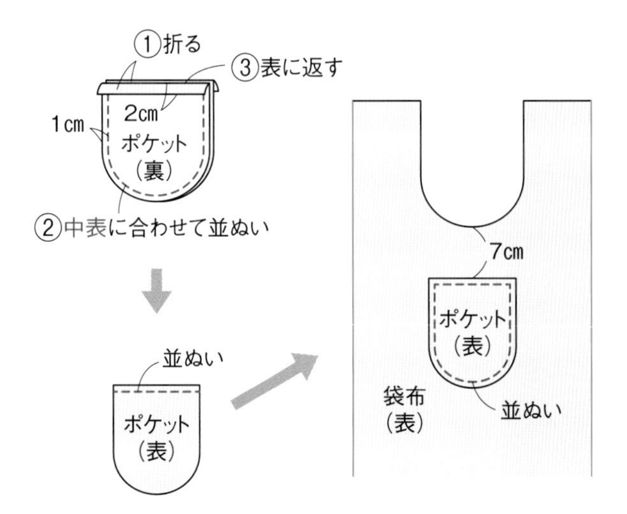

3 入れ口をぬう

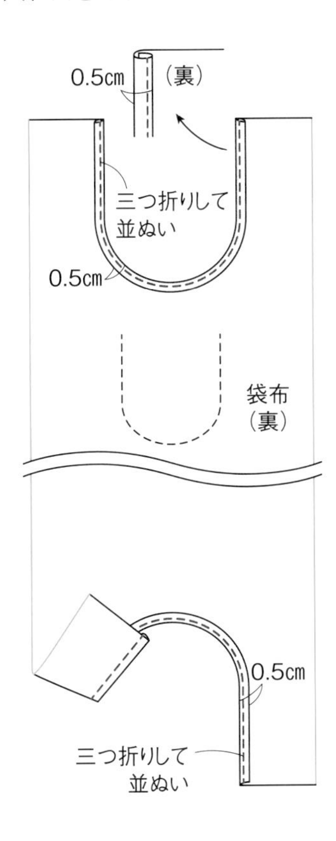

4 まちを折って脇をぬう

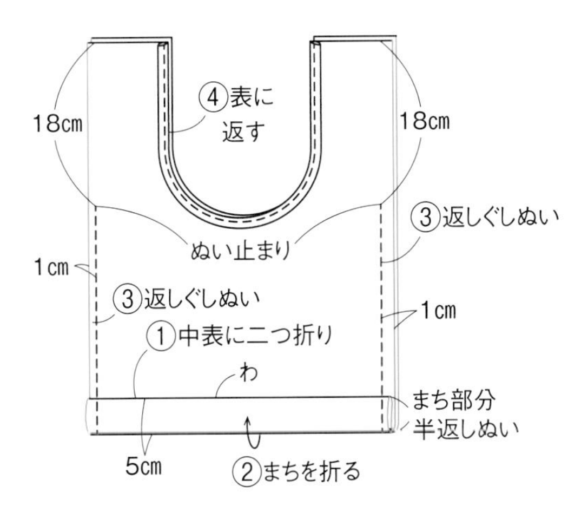

5 持ち手をぬう

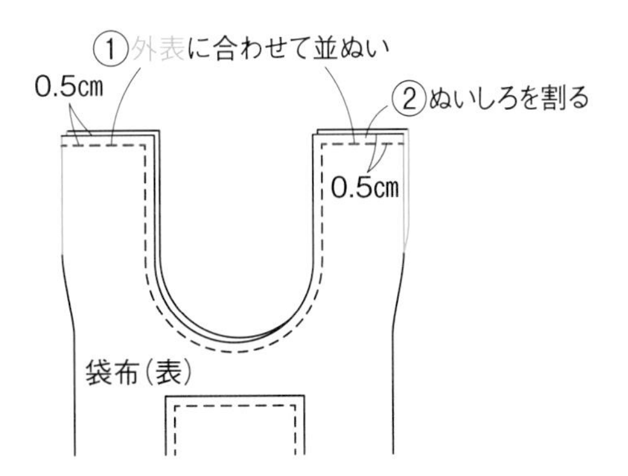

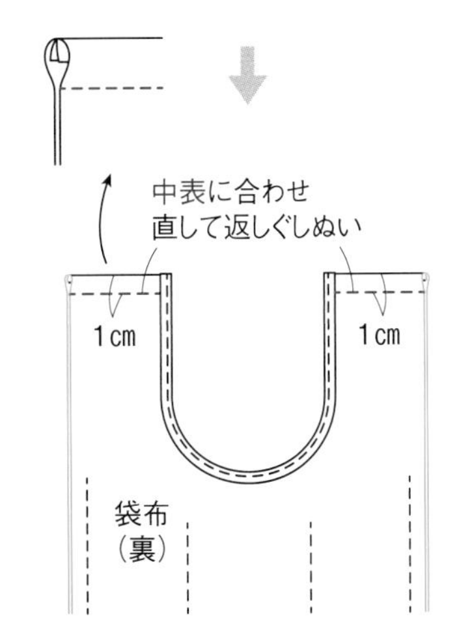

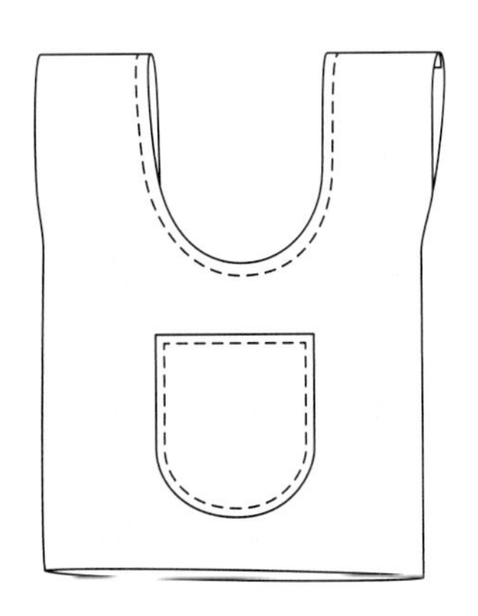

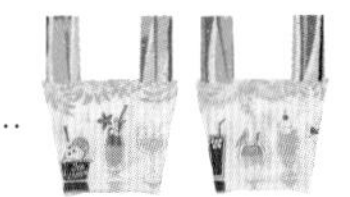

材料

手ぬぐいA：トロピカルジュース（JIKAN STYLE）　1枚
手ぬぐいB：春の雨（JIKAN STYLE）　1枚
手ぬい糸

裁ち方図　※○の数字のぬいしろを含む　単位cm
※青色線――は手ぬぐいの耳です。

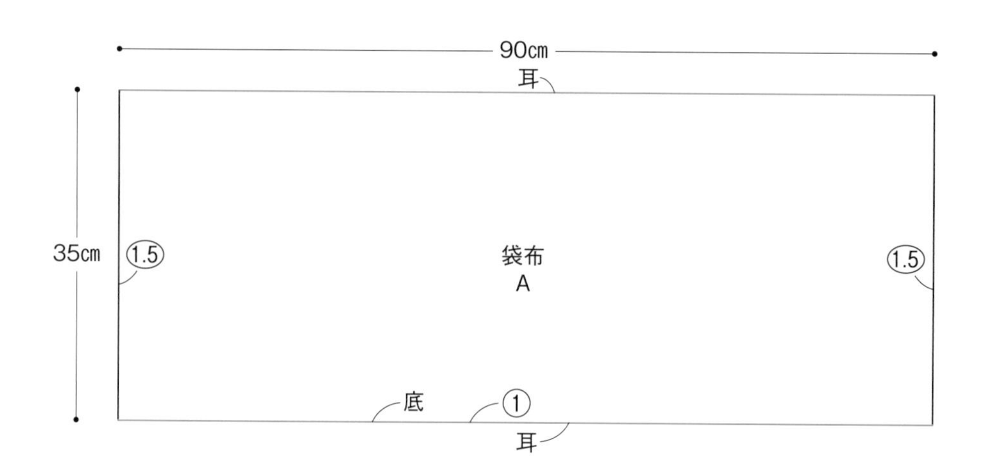

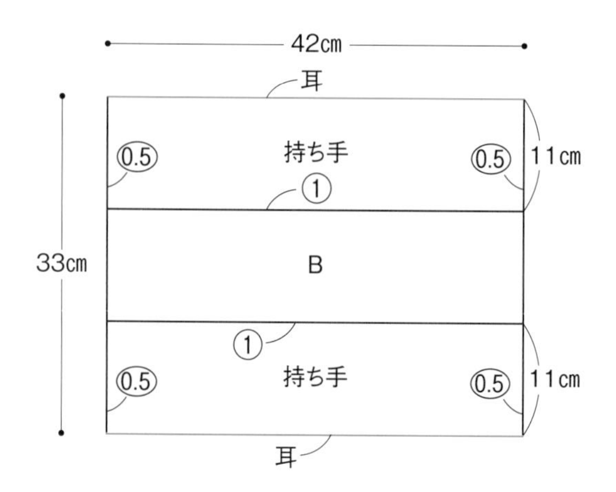

作り方

1 脇をぬう

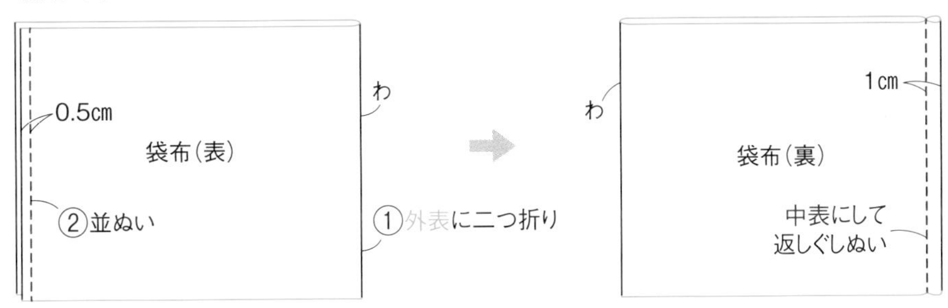

2 まちを折って底をぬう

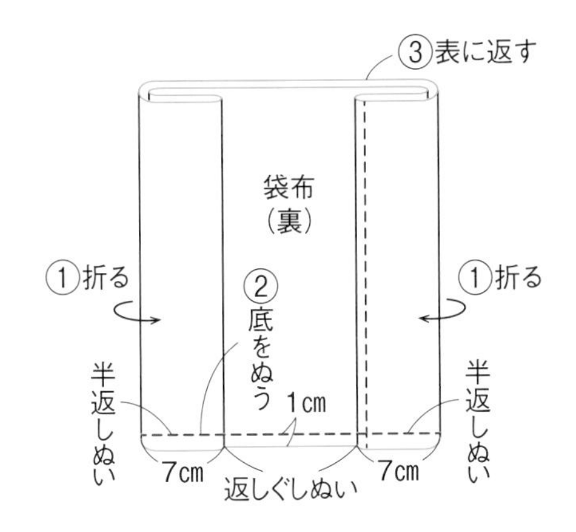

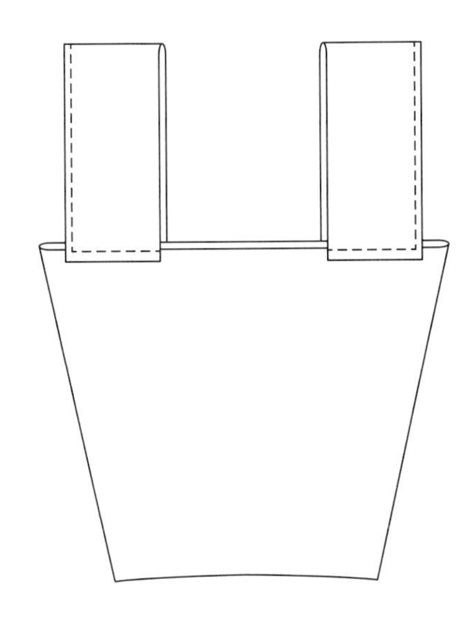

3 持ち手を作ってつける

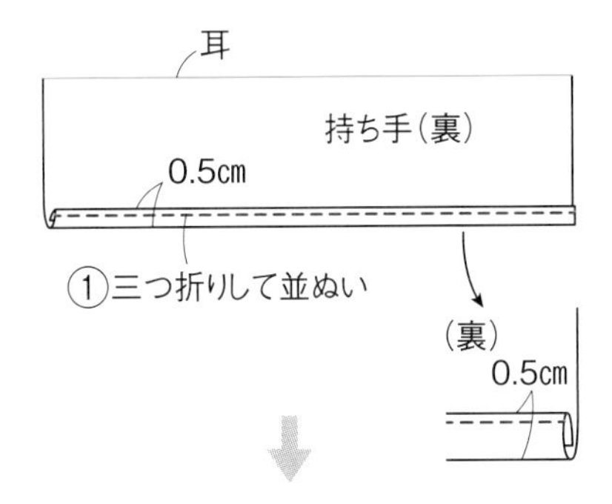

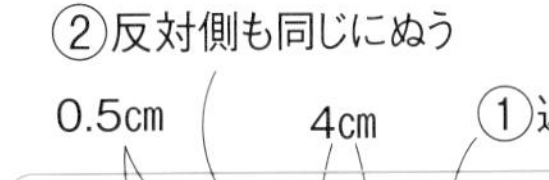

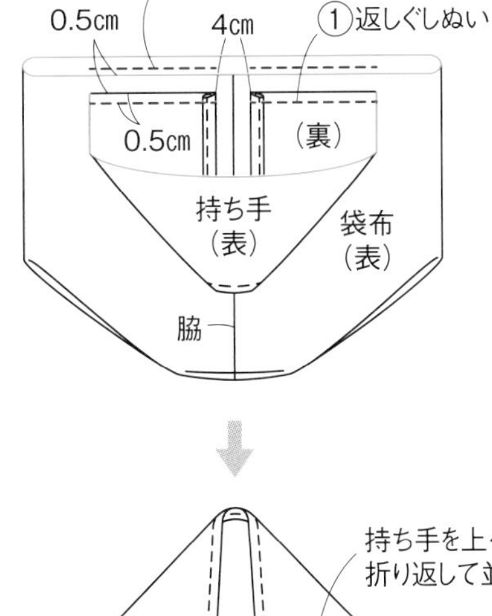

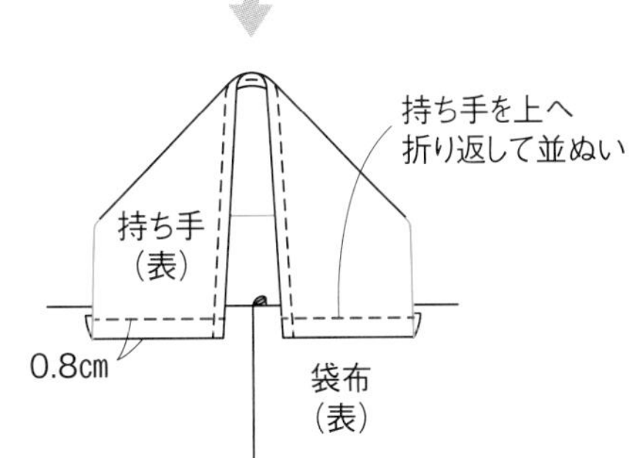

O ペットボトルケース
» Photo p.18

材料

ケース2個分　手ぬぐい：斑雪（あひろ屋）　1枚
タオル：25（20）×27㎝
手ぬい糸

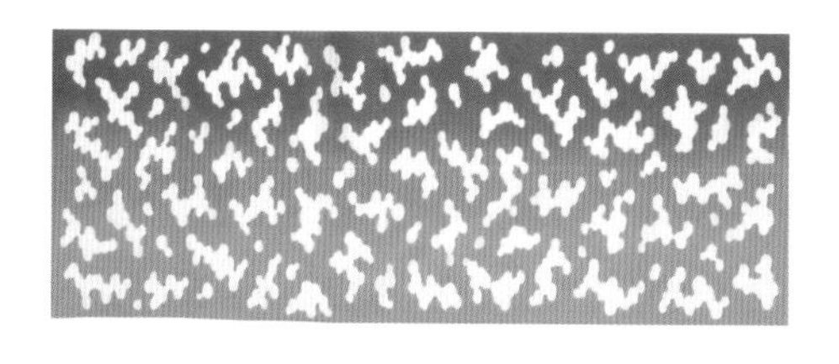

裁ち方図　※○の数字のぬいしろを含む　単位㎝
※青色線――は手ぬぐいの耳です。

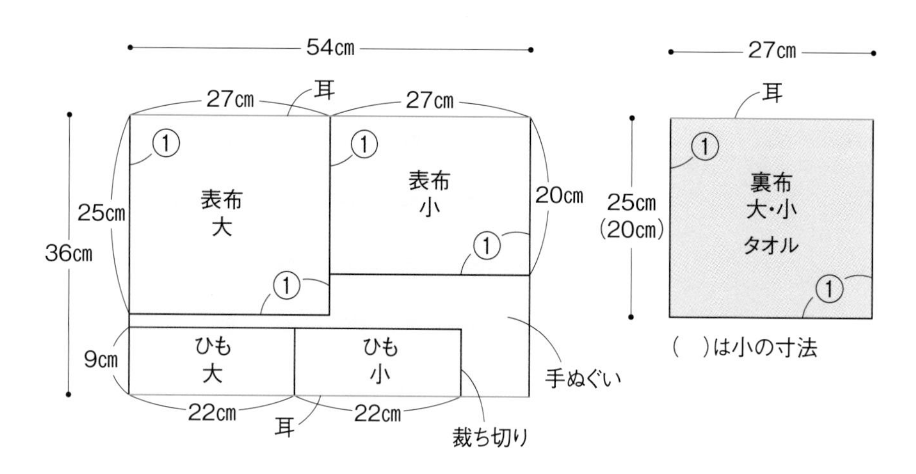

作り方

1　表布と裏布を合わせてぬう

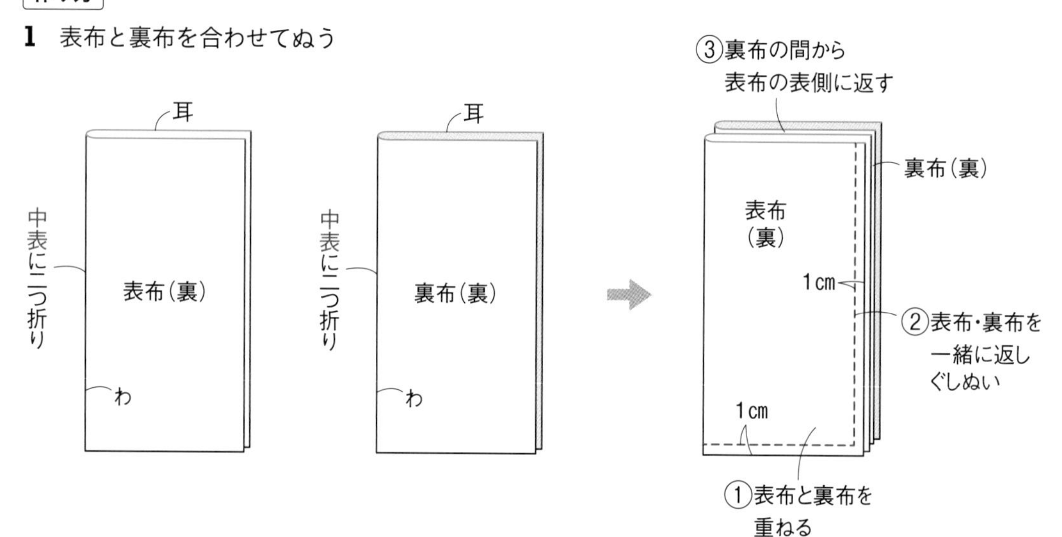

2 まちをぬう

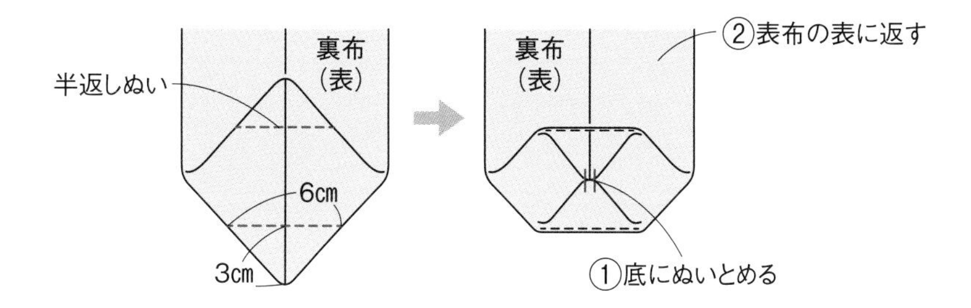

3 ひもを作る

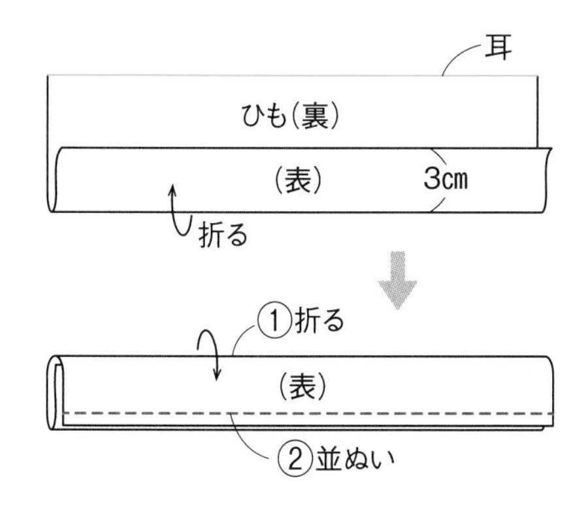

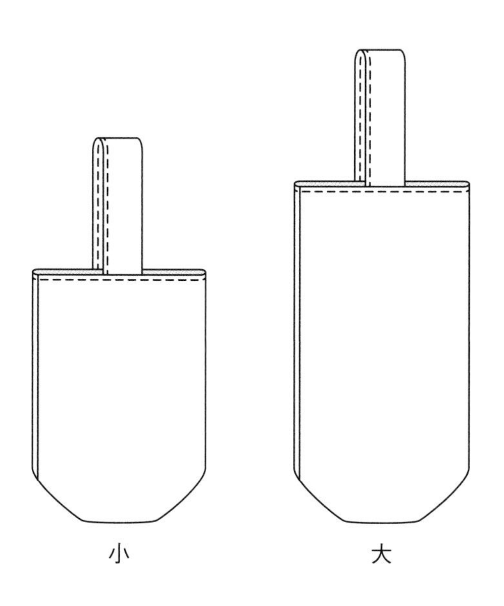

4 入れ口をぬう

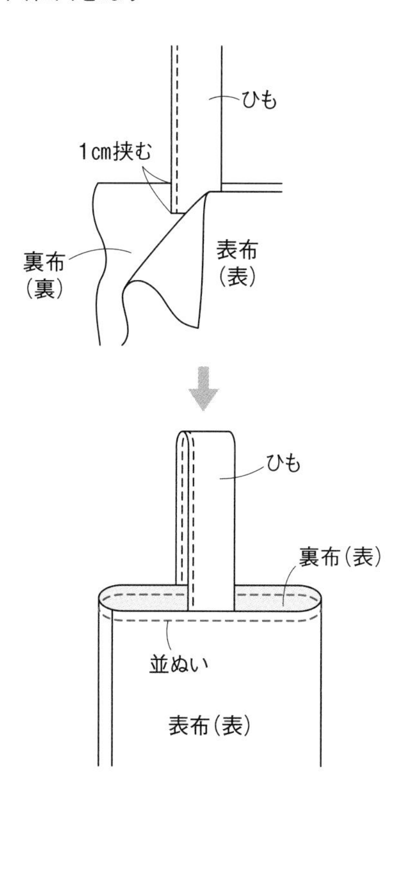

(P) ひんやりスカーフ

» Photo p.19

材料

手ぬぐい：立涌／黒地に青（あひろ屋） 1枚
保冷剤
手ぬい糸

裁ち方図

※○の数字のぬいしろを含む 単位cm
※青色線――は手ぬぐいの耳です。

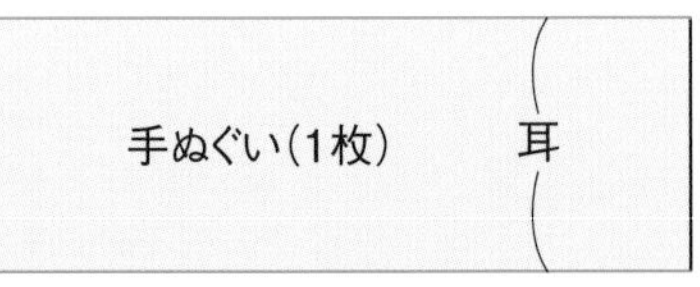

作り方

1 中表に二つに折って斜めにぬう

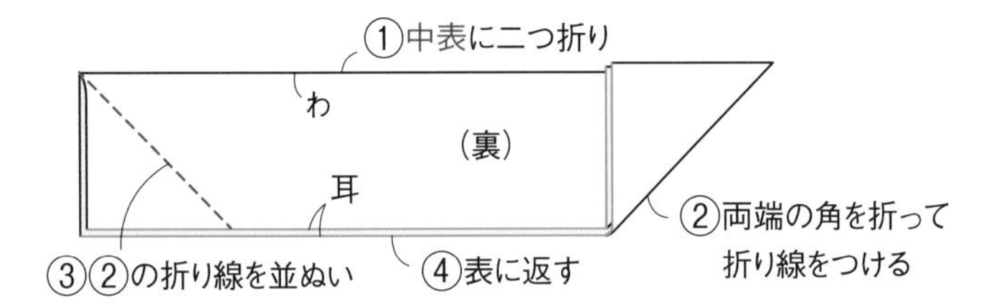

2 三つに折ってぬう

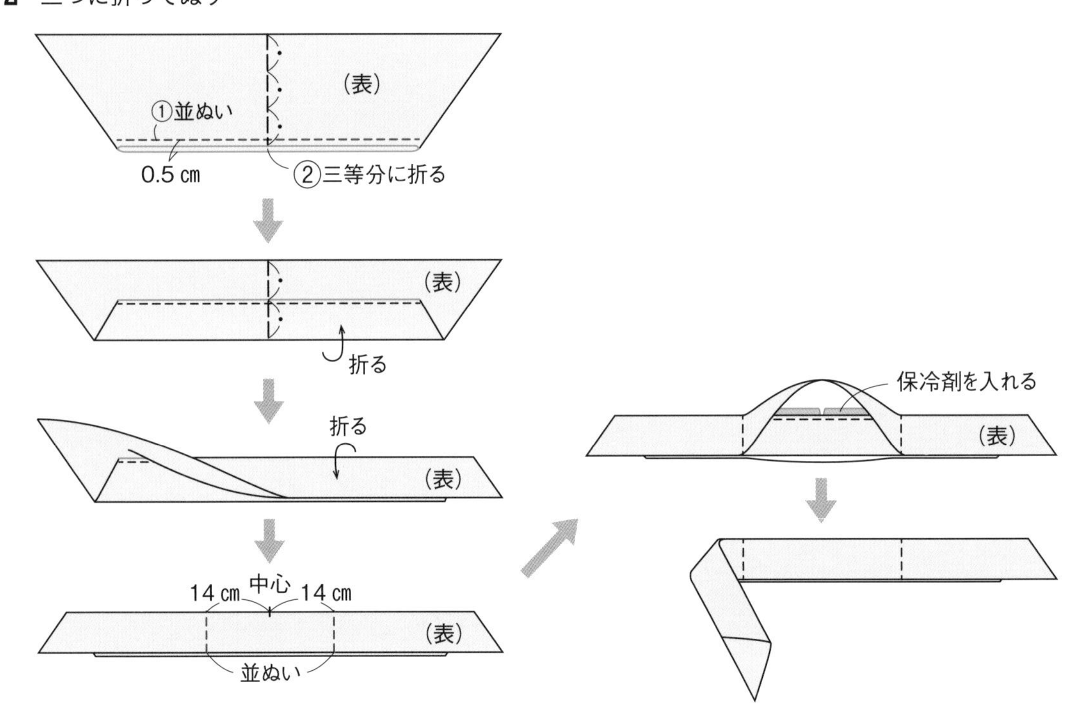

立体マスクとマスク入れ

» Photo p.20

材料

手ぬぐい：南天／青白つるばみ色（あひろ屋）　1枚（マスク・マスク入れ）
マスク用ゴム：幅0.3cm　S50cm・M54cm・L58cm
ストッパー：2個
手ぬい糸

立体マスク実物大型紙　※○の数字のぬいしろを含む　単位cm
※青色線――は手ぬぐいの耳です。

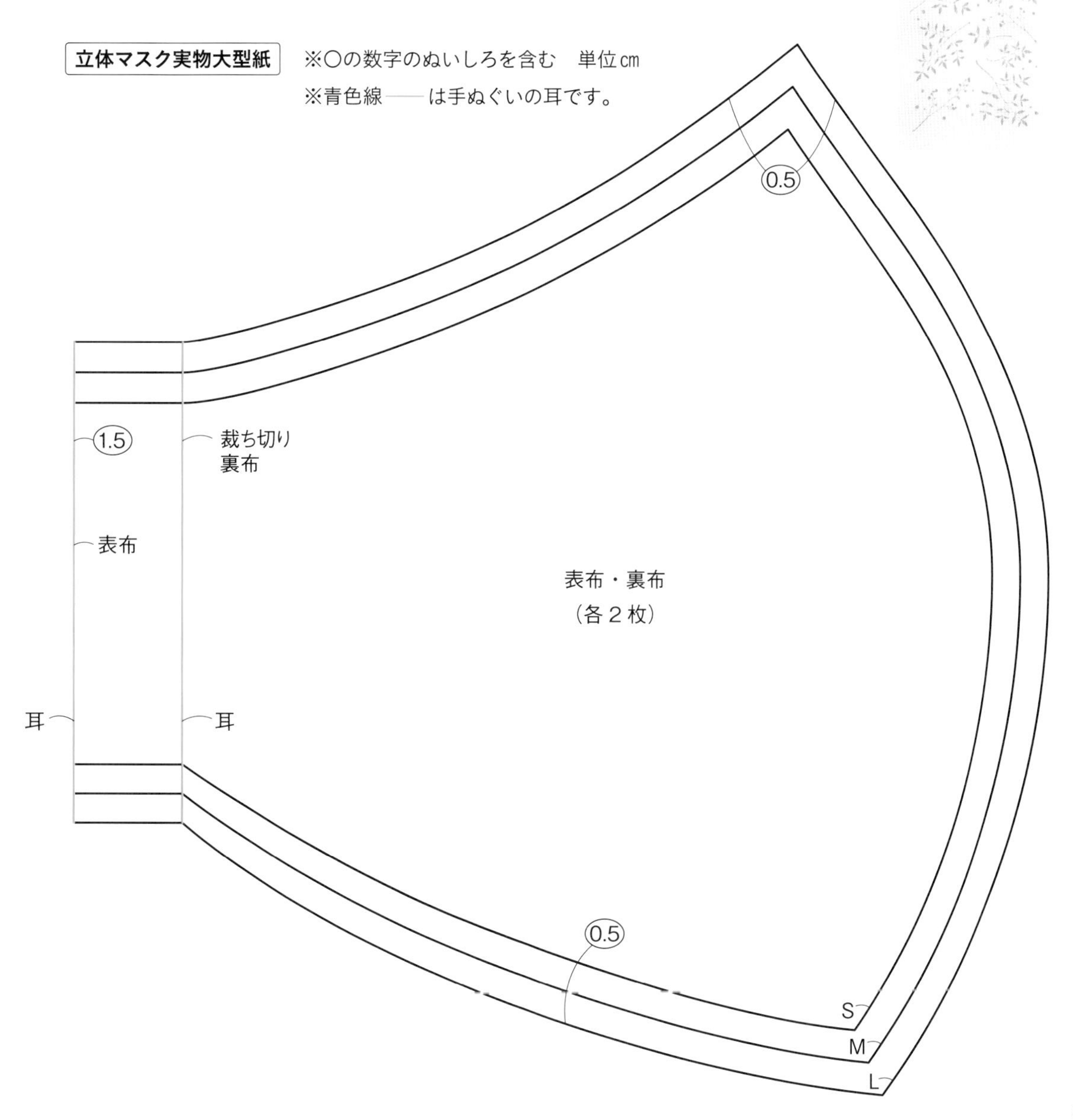

裁ち方図　※○の数字のぬいしろを含む　単位cm
※青色線――は手ぬぐいの耳です。

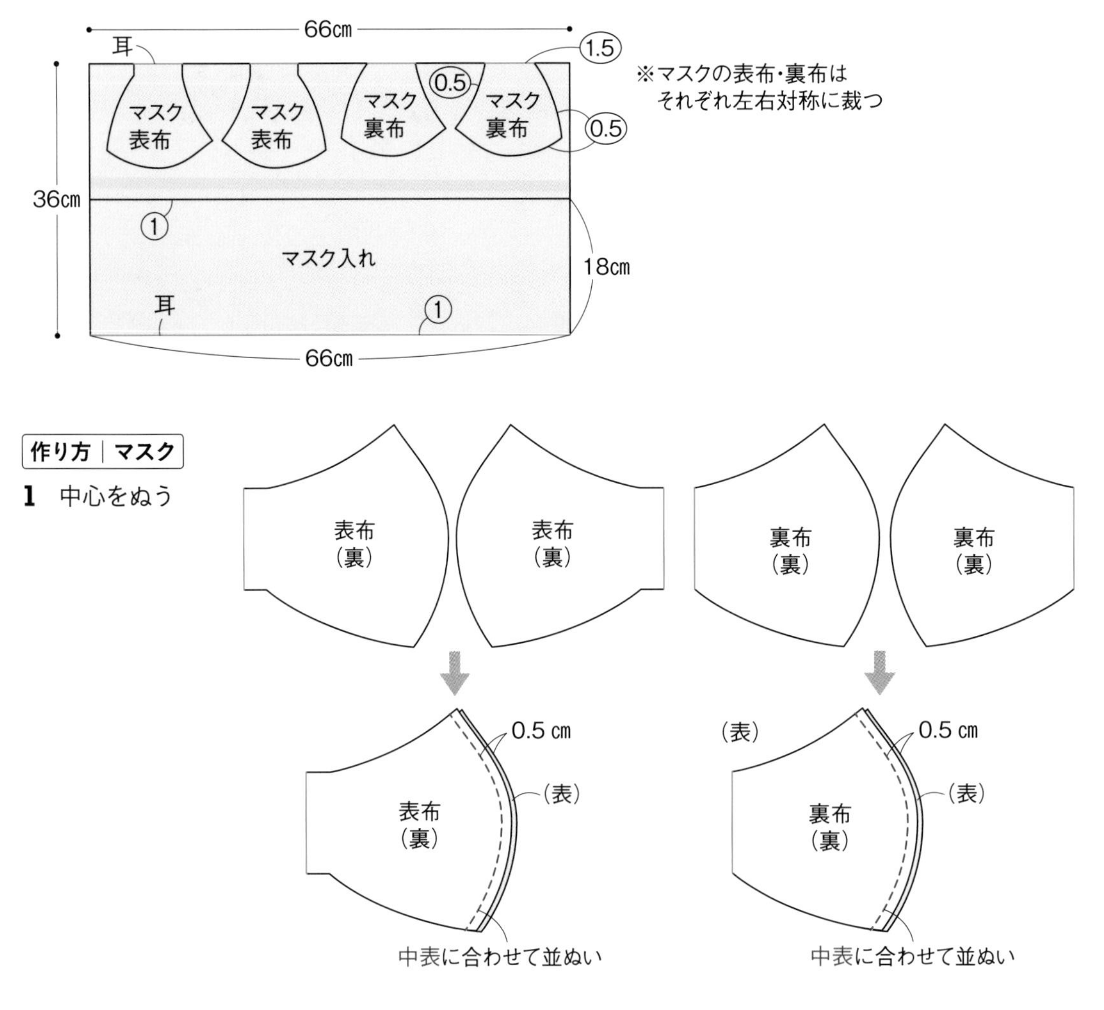

2 表布と裏布をぬい合わせる

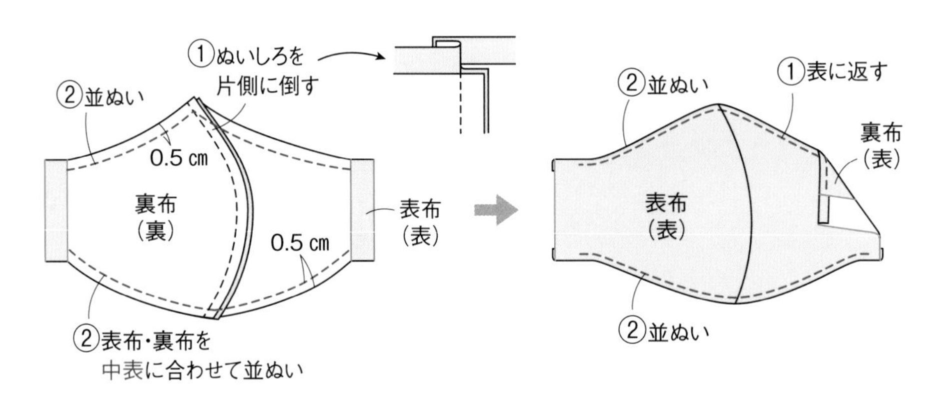

3 左右の端をぬう

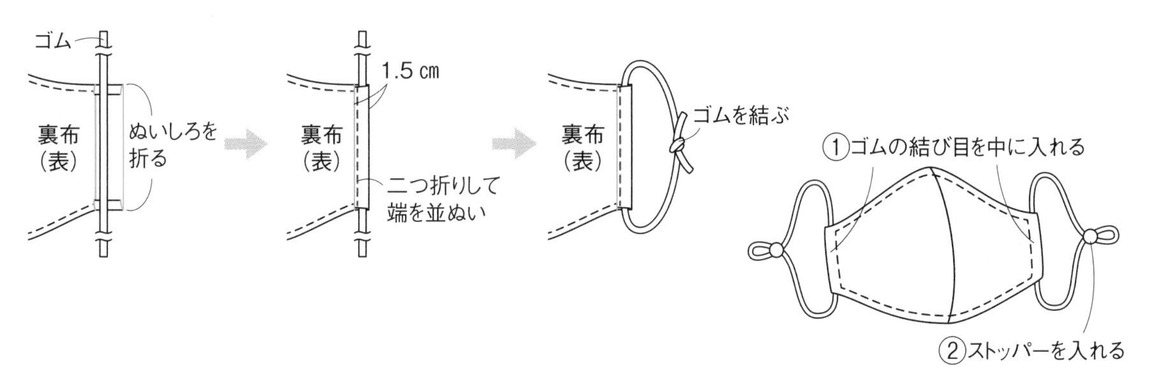

作り方｜マスク入れ

1 山折り、谷折りの印をつける

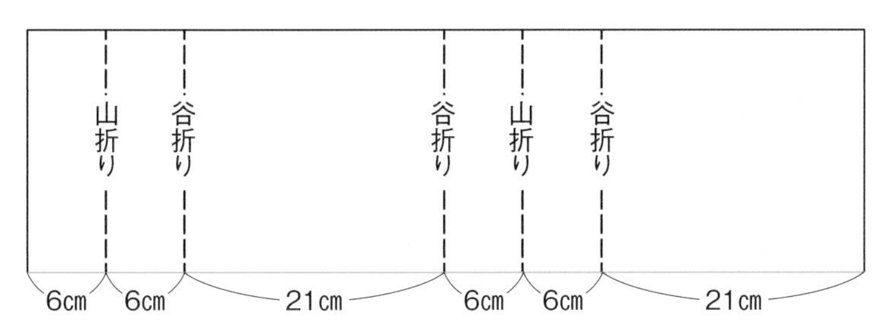

2 印どおりに折る

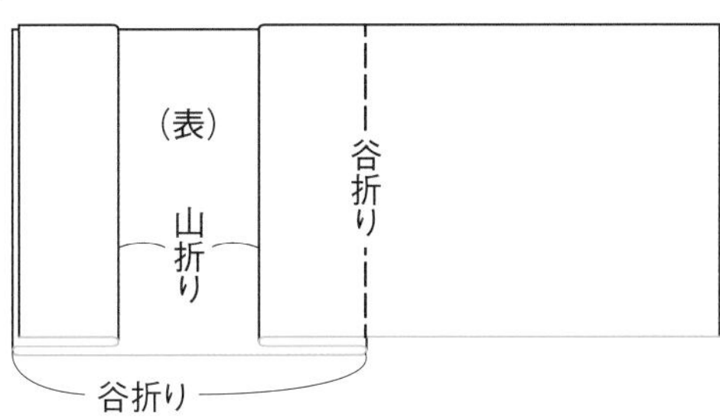

3 両端をぬう

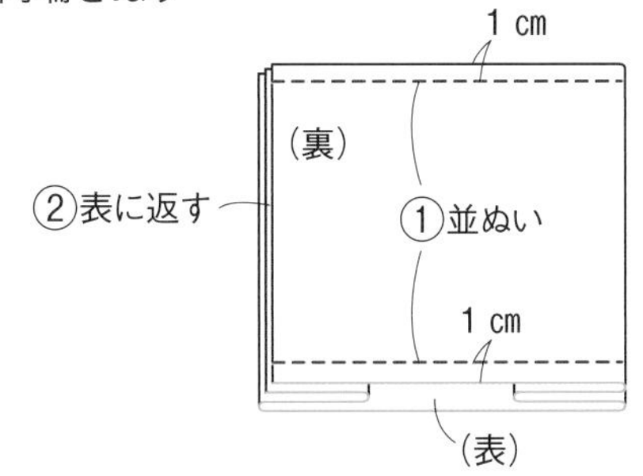

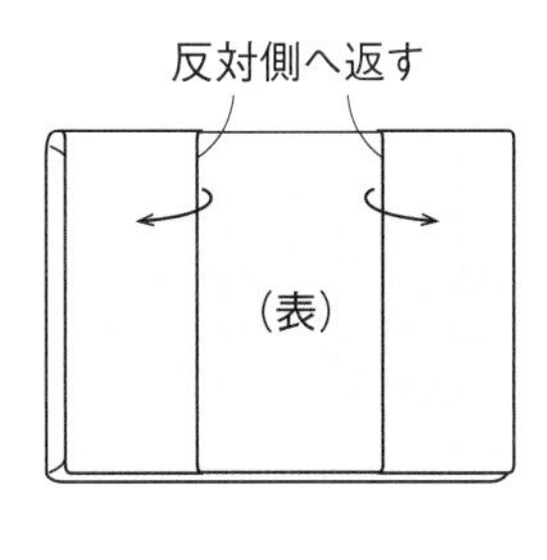

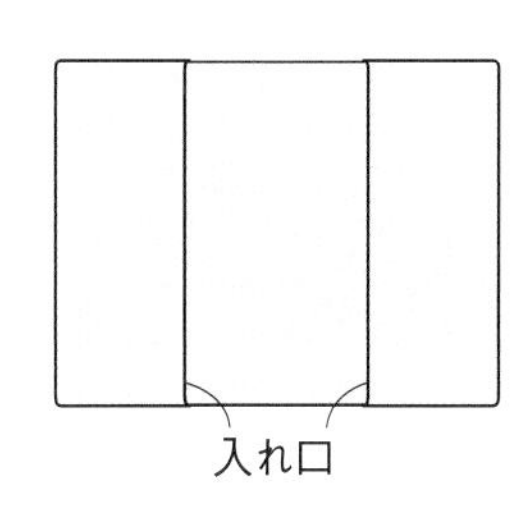

(R) ティッシュケース［ふたつき］ » Photo p.21

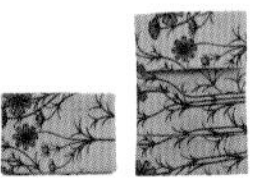

材料

ケース2個分　手ぬぐい：コスモスナイトブルー
（染の安坊）　1枚
手ぬい糸

裁ち方図　※○の数字のぬいしろを含む　単位cm
※青色線――は手ぬぐいの耳です。

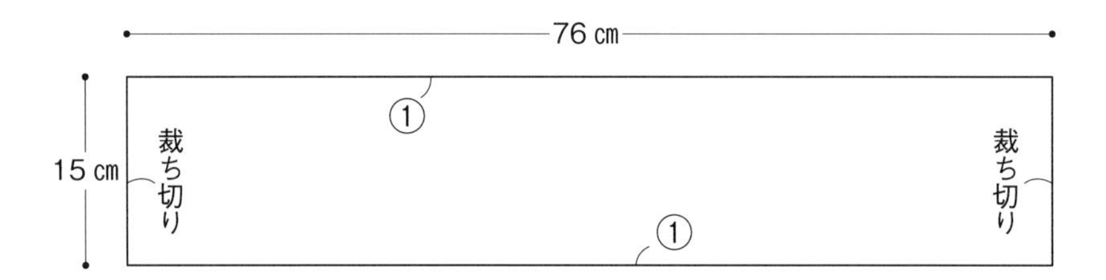

作り方

1　印をつける

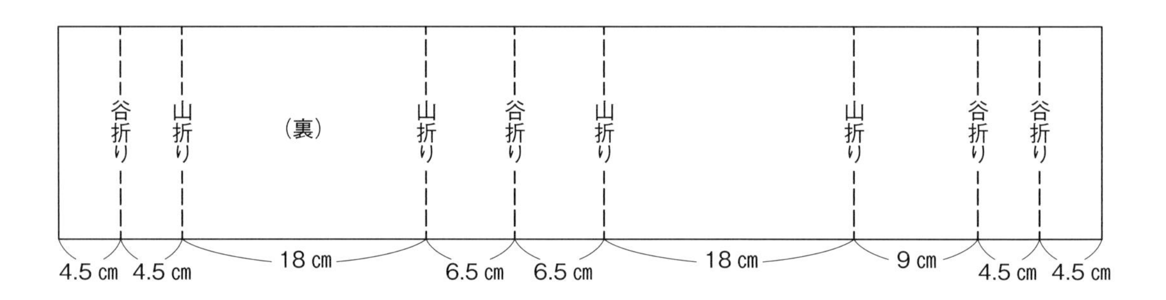

2 印どおりに折り、両端をぬう

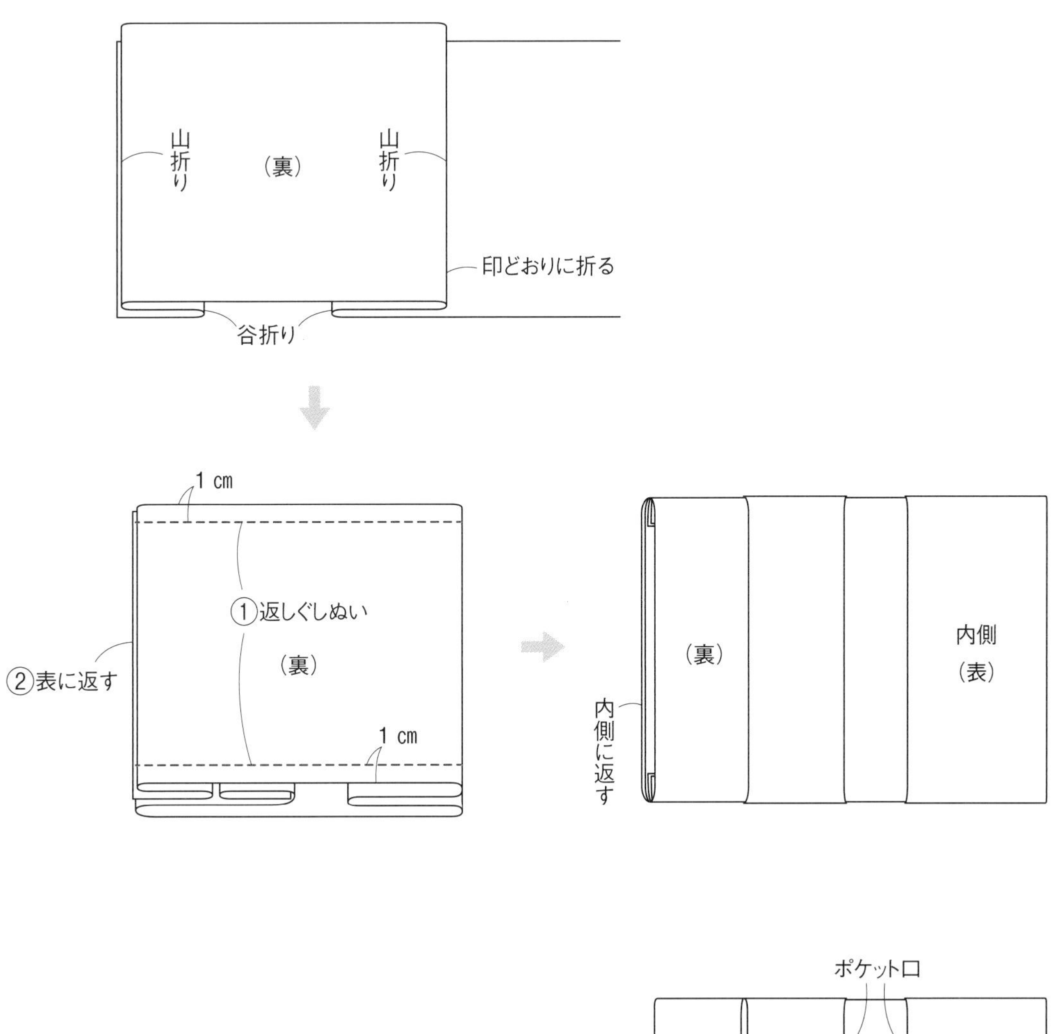

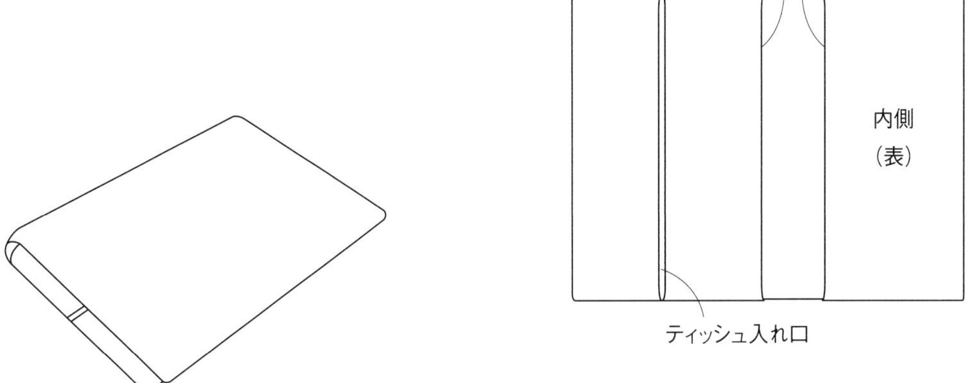

(S) シュシュ&ヘアバンド » Photo p.22

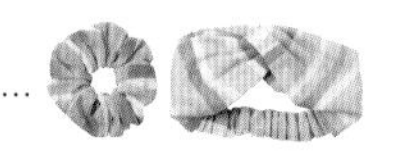

材料

手ぬぐい：朝靄（JIKAN STYLE） 1枚（シュシュ・ヘアバンド）
丸ゴム（シュシュ用）：20㎝
ゴムテープ（ヘアバンド用）：0.7㎝幅 16㎝
手ぬい糸

裁ち方図 ※○の数字のぬいしろを含む 単位㎝
※青色線――は手ぬぐいの耳です。

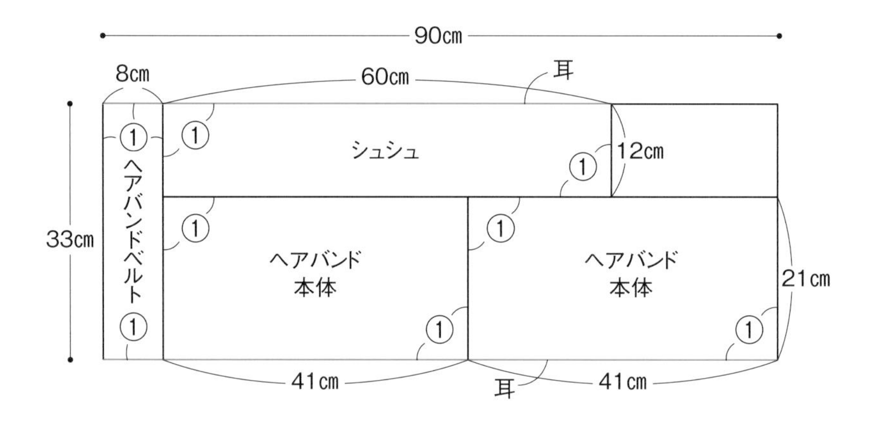

作り方｜シュシュ

1 シュシュをぬう

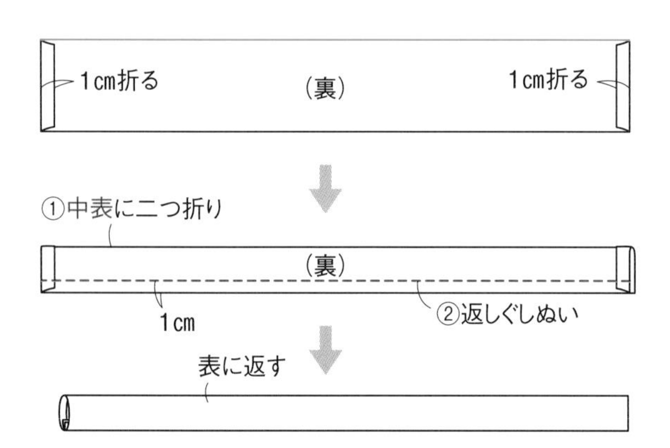

2 丸ゴムを通してまつる

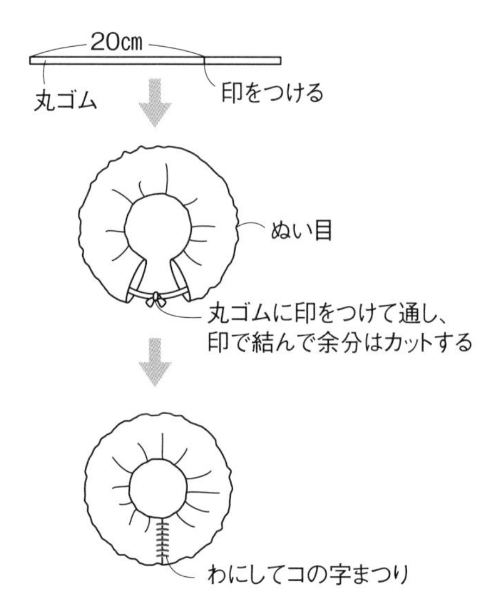

作り方｜ヘアバンド

1 本体をつくる

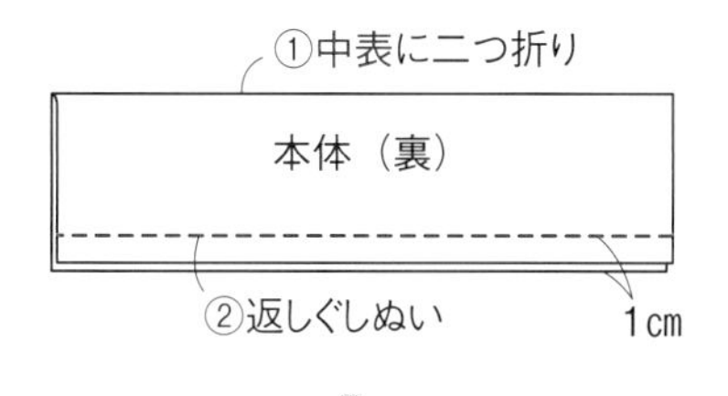

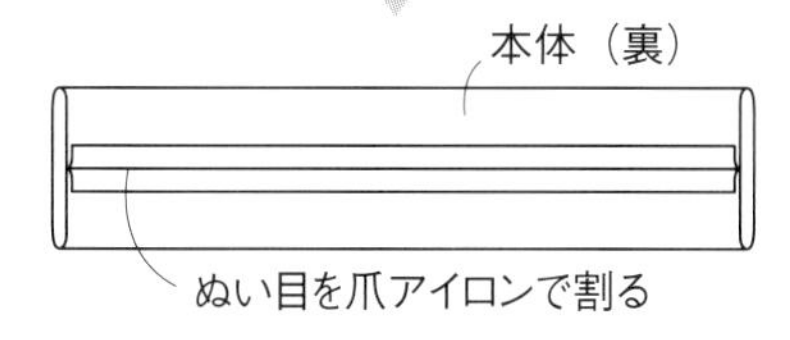

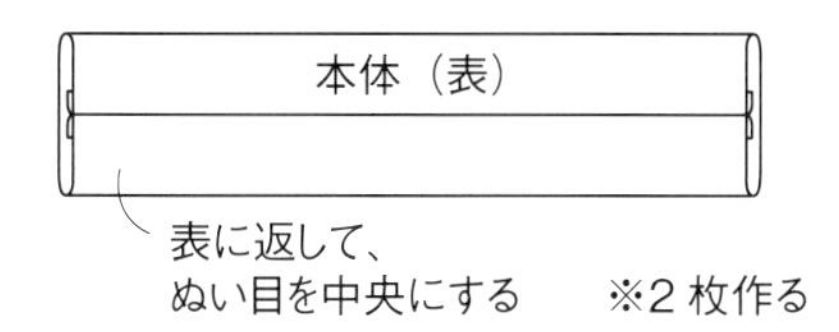

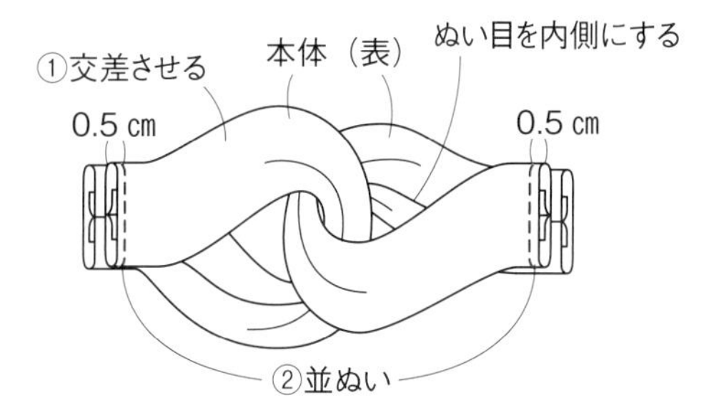

2 ベルトを作る

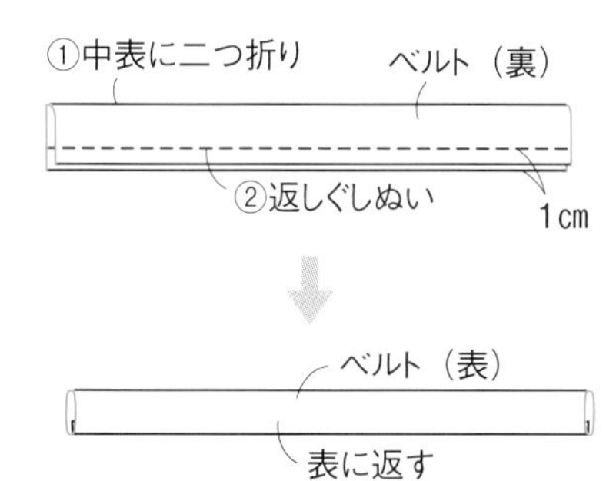

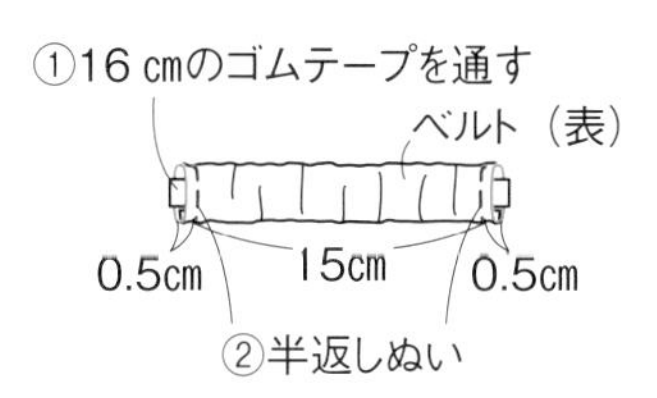

3 本体とベルトをぬい合わせる

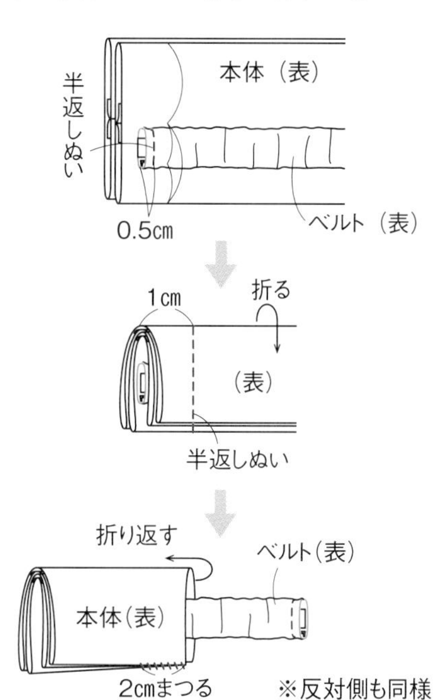

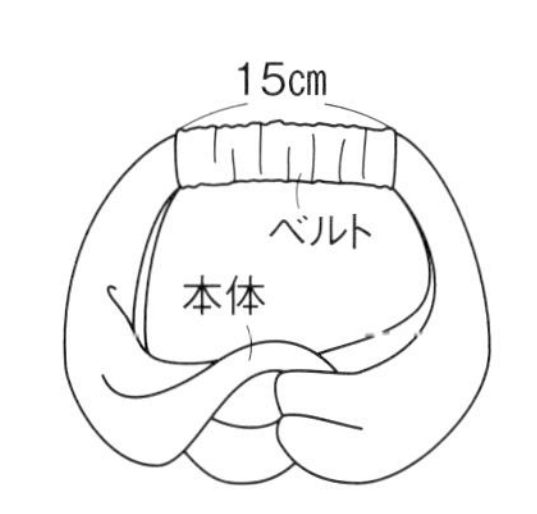

(T) ブローチ&コサージュ

» Photo p.23

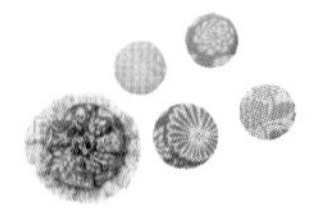

材料

手ぬぐい：和風レース／ピンク（JIKAN STYLE）　1枚（ブローチ・コサージュ）
ボタン（コサージュ用）：直径2.2cm　1個
ブローチピン（コサージュ用）：3cm　1個
ブローチピン（ブローチ用）：2cm　4個
キルト綿またはタオル（ブローチ用）：11×11cm
厚紙（ブローチ用）：11×11cm
手ぬい糸

裁ち方図　※○の数字のぬいしろを含む　単位cm
※青色線――は手ぬぐいの耳です。

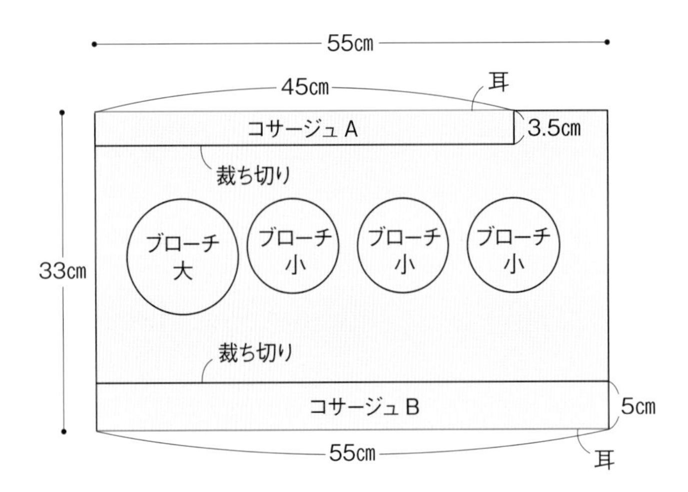

ブローチ　製図　※○の数字のぬいしろを含む　単位cm

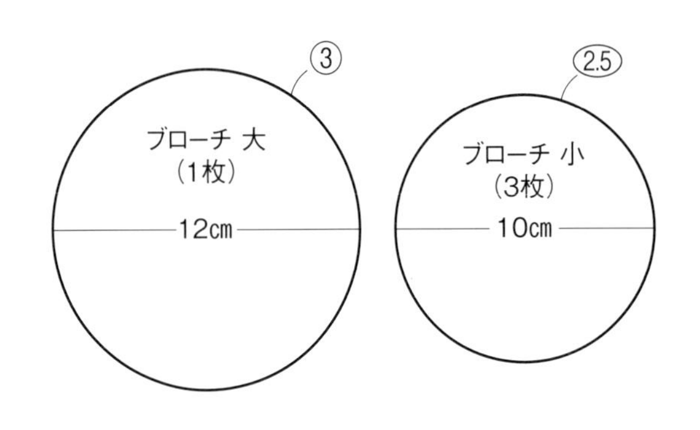

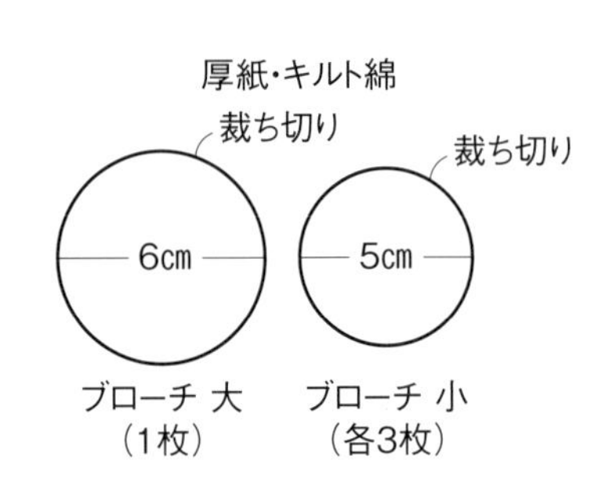

作り方｜ブローチ

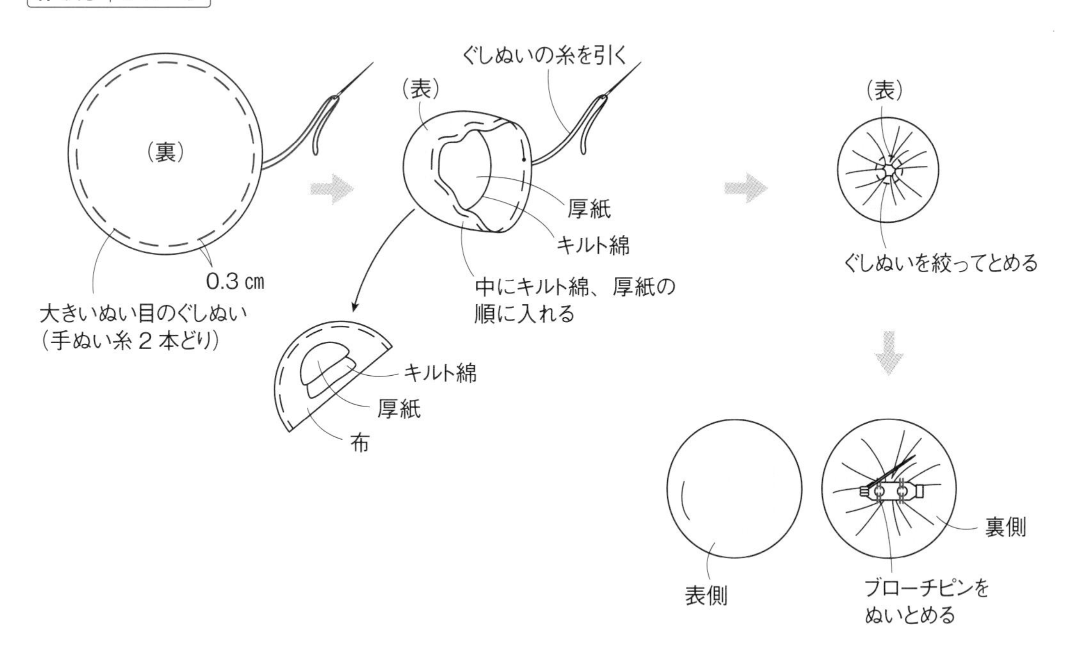

作り方｜コサージュ

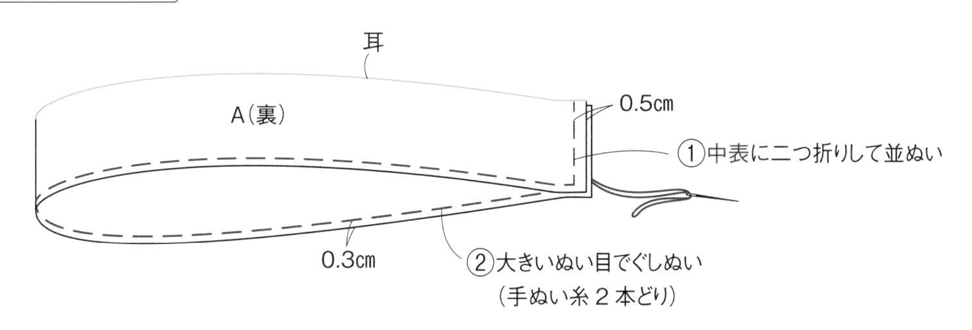

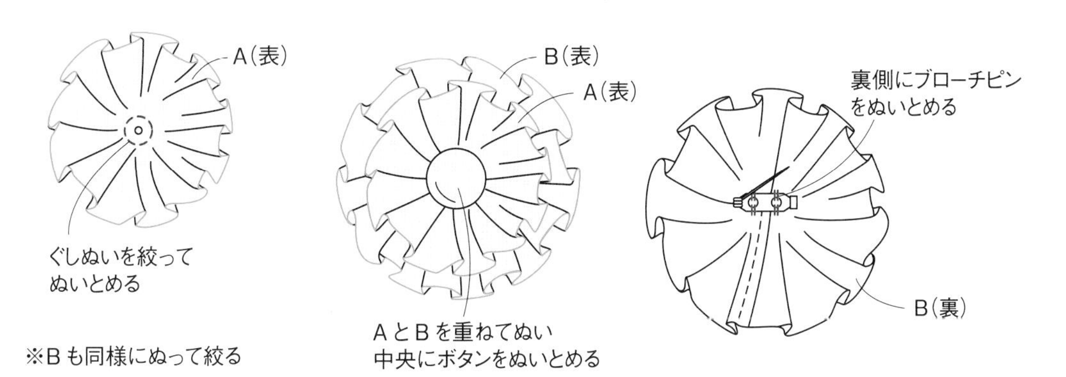

※Bも同様にぬって絞る

(U) ブックカバー » Photo p.24

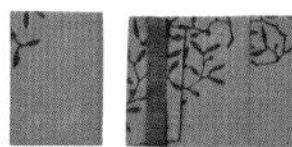

材料

手ぬぐい：宿木（あひろ屋）　1枚
リボン：2.5㎝幅　本の大きさで適宜
手ぬい糸

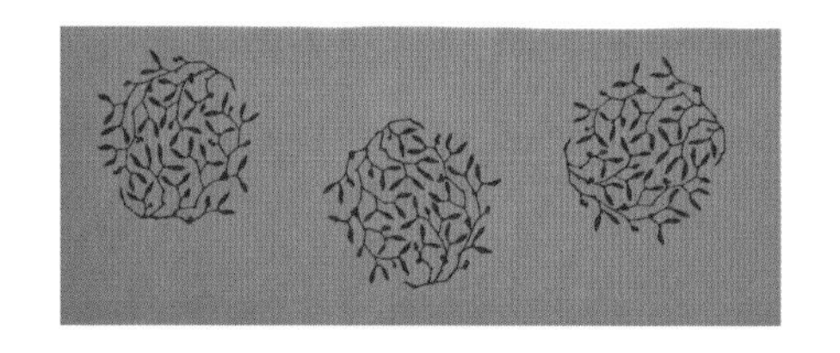

裁ち方図　単位㎝

※本のカバーを型紙にして裁つ
※青色線――は手ぬぐいの耳です。

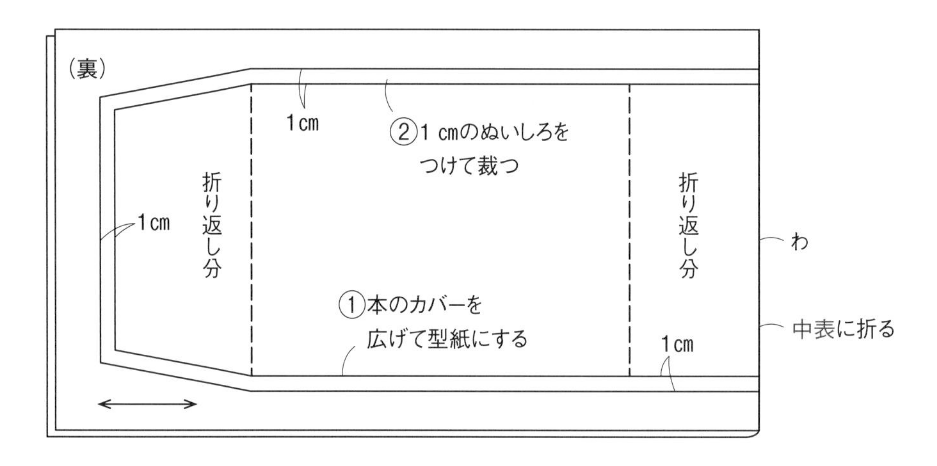

作り方

1　返し口を残してぬう

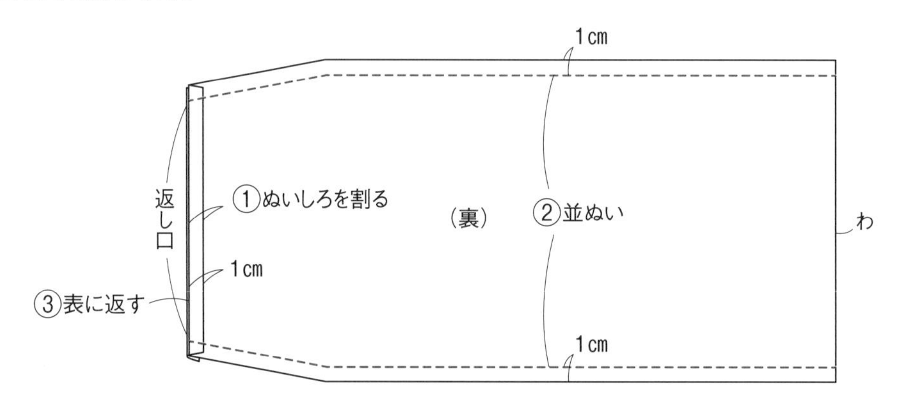

2 返し口を並ぬい

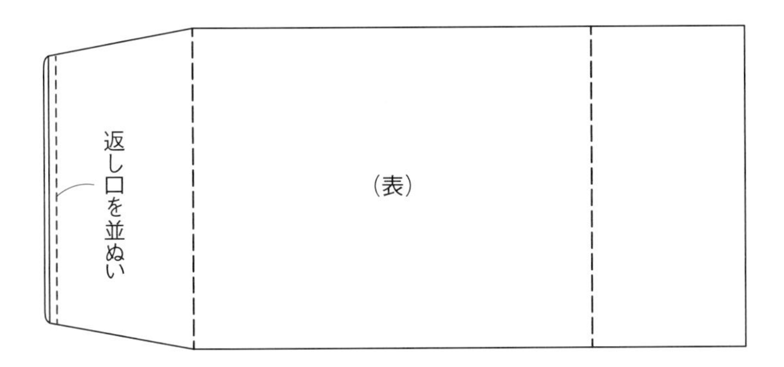

3 折り返し分をぬい、リボンをつける

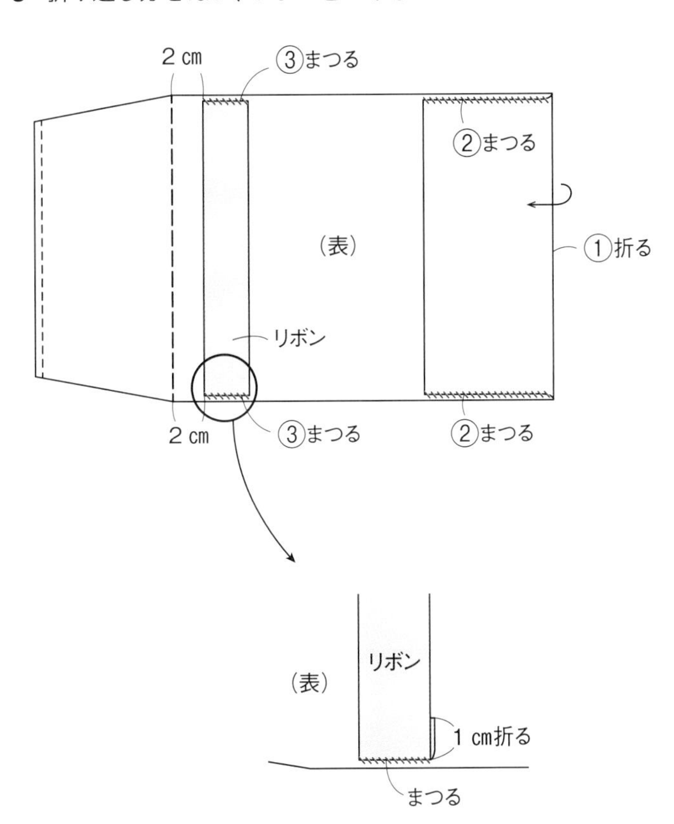

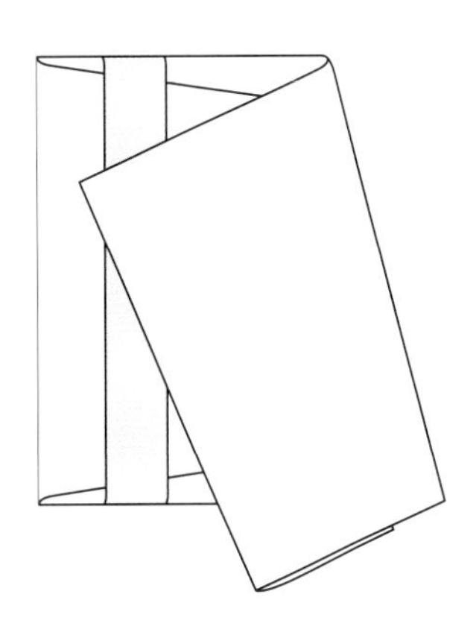

キャラメルポーチ

» Photo p.25

材料

手ぬぐい：蒲公英（あひろ屋） 1枚
ファスナー：20cm 1本
リボン：0.3cm幅 10cm
手ぬい糸

裁ち方図 ※○の数字のぬいしろを含む 単位cm
※青色線――は手ぬぐいの耳です。

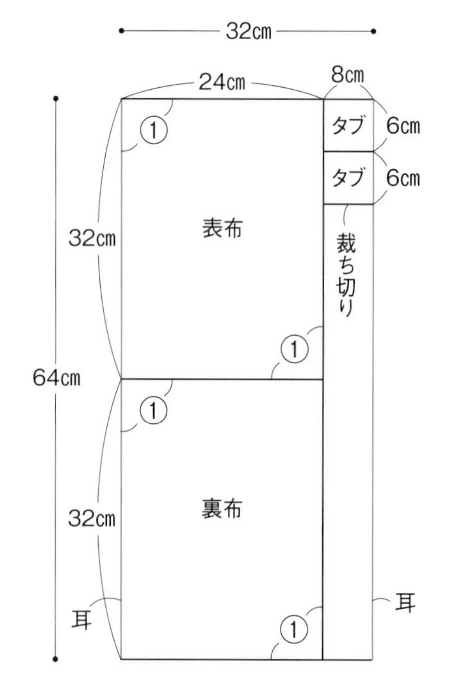

作り方

1 表布、裏布の上下のぬいしろを折る

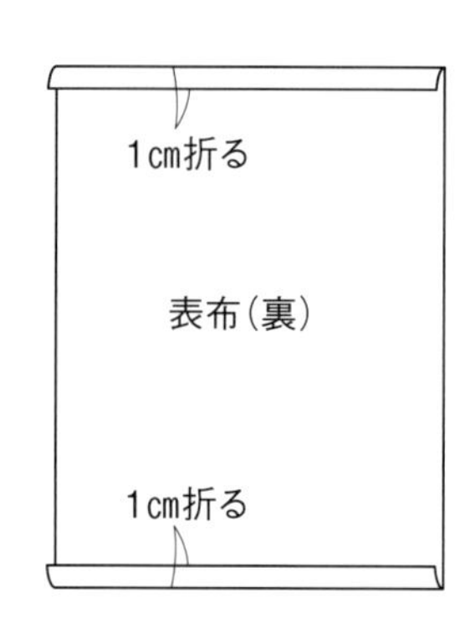

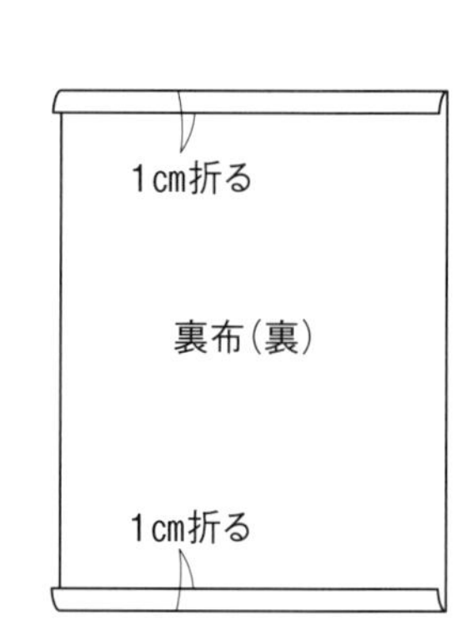

2 表布にファスナーをつける

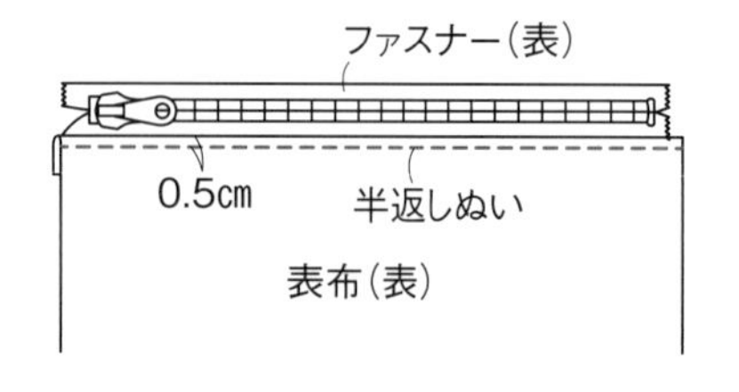

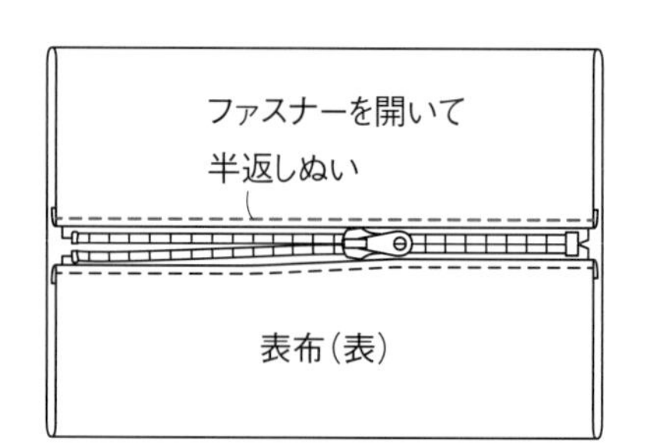

3 表布と裏布を重ねてぬう

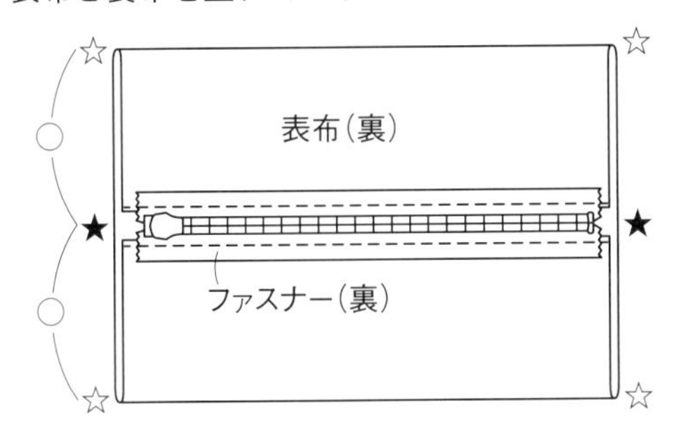

表布を裏側に返して、
まち針で☆(折山)、
★(中央) の印をつける

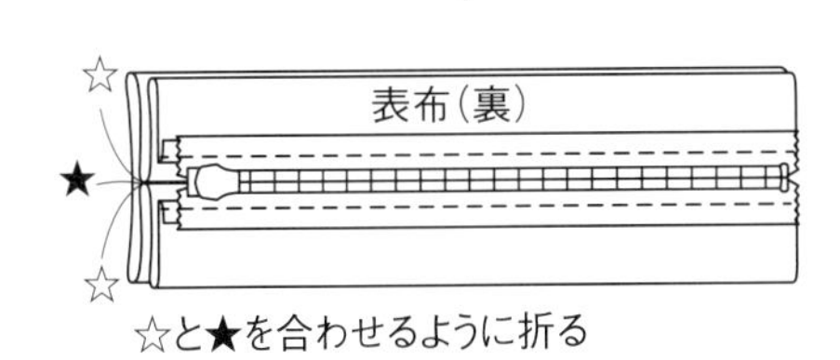

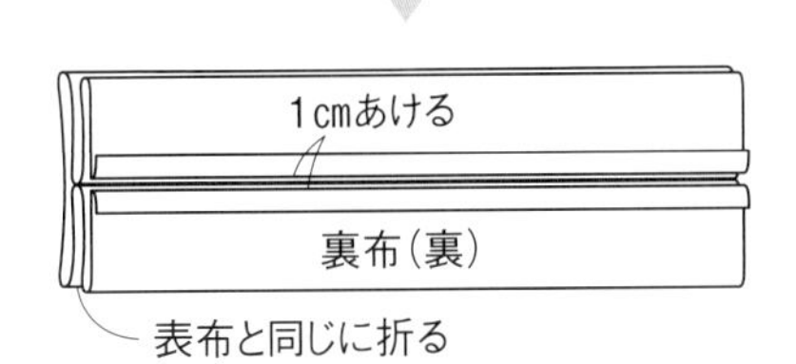

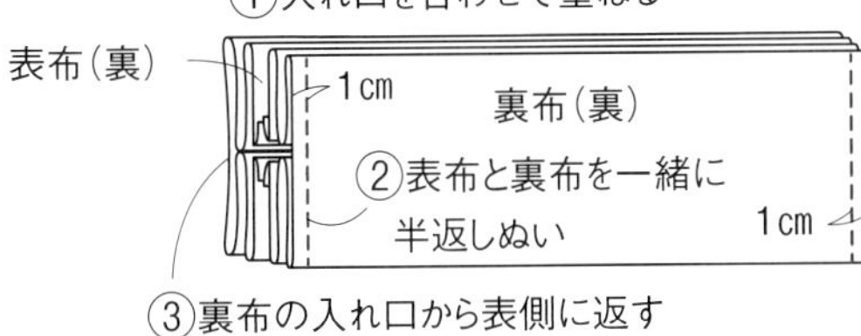

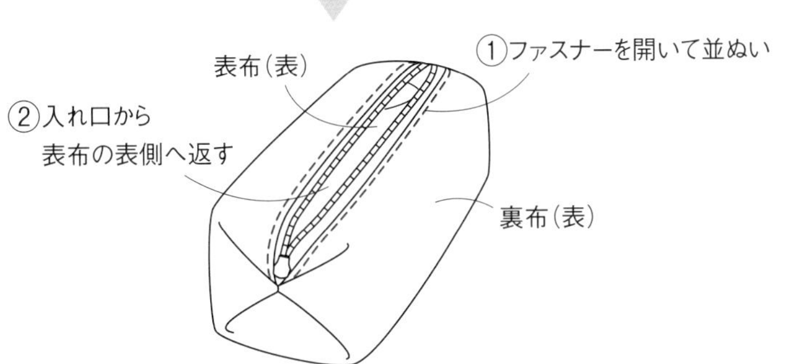

4 タブを作ってつける

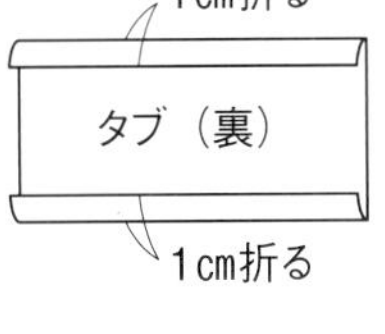
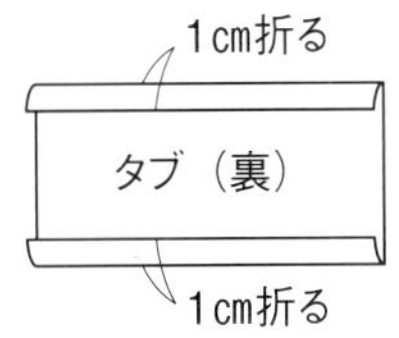

①外表に二つ折り
2cm
タブ(表)
②並ぬい

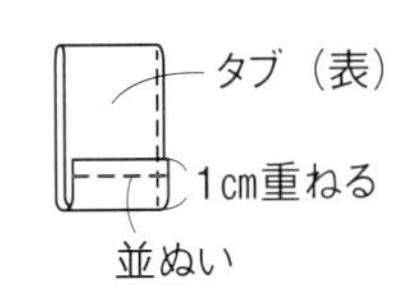

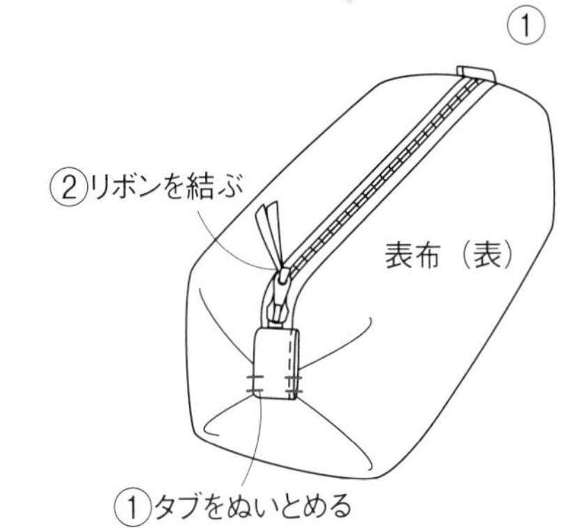

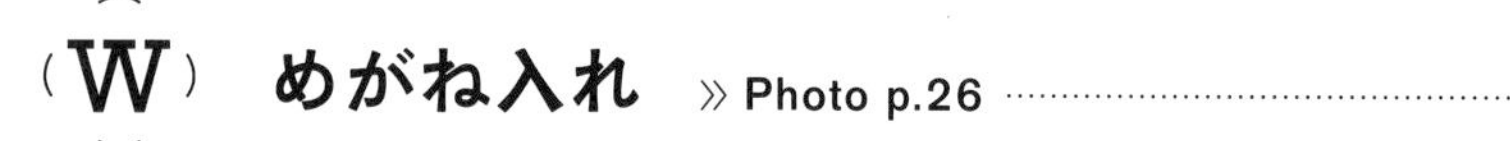

W めがね入れ

» Photo p.26

材料

手ぬぐいA：小さな水族館（JIKAN STYLE）　1枚
手ぬぐいB：チクタク時計（JIKAN STYLE）　1枚
タオル：20×20cm　（A、B用各1枚）
手ぬい糸

裁ち方図

※○の数字の
ぬいしろを含む
単位cm
※青色線——は
手ぬぐいの耳です。

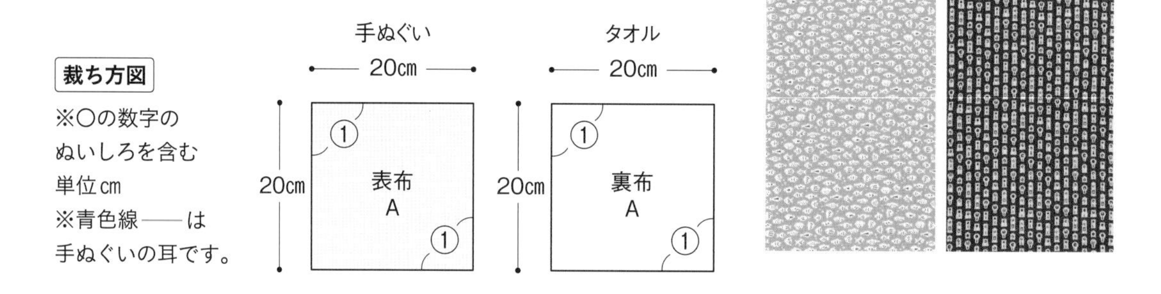

作り方

1　表布、裏布を合わせてぬう

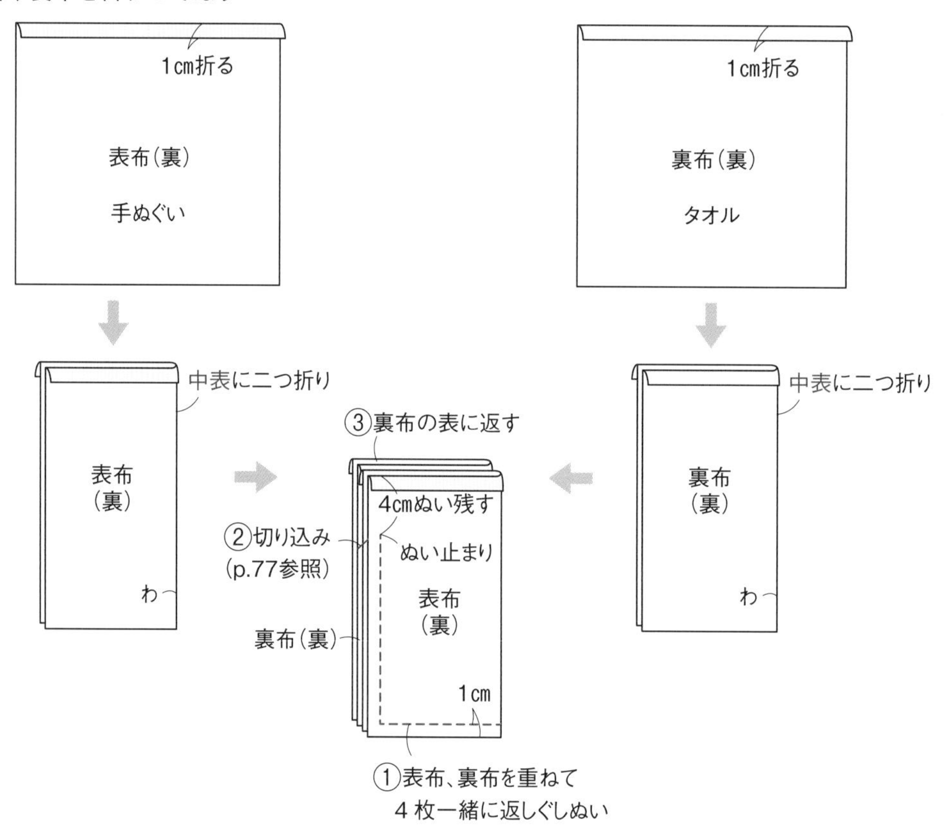

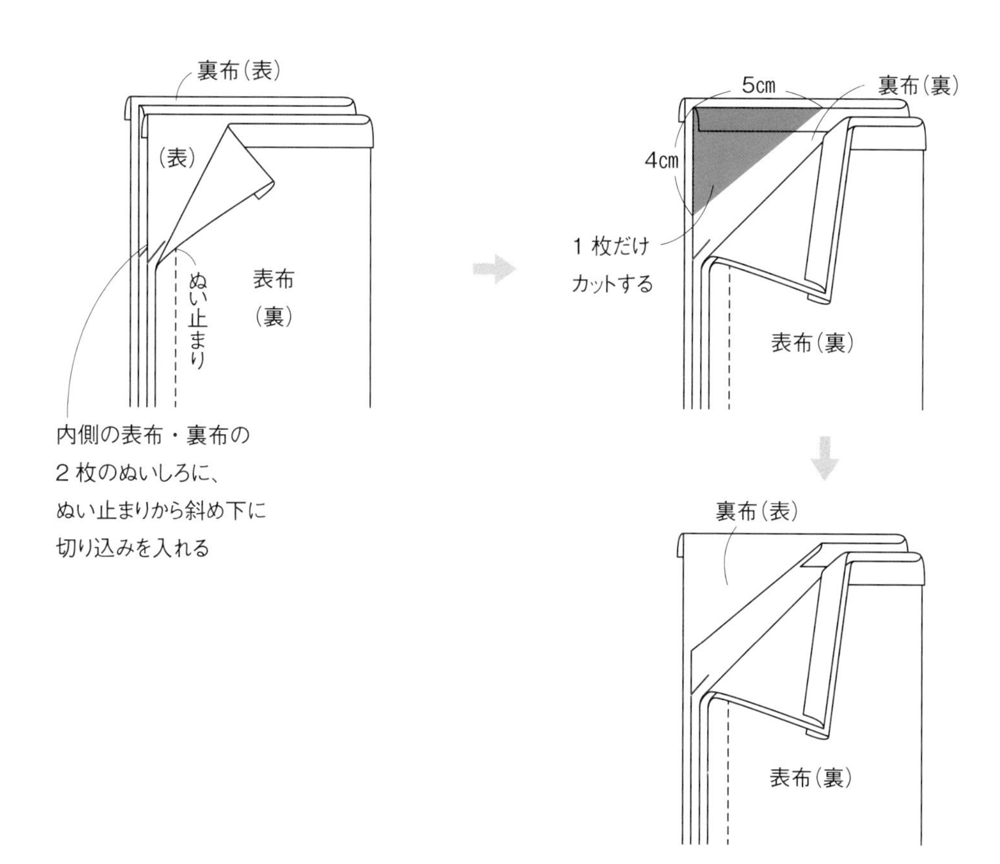
裏布(表)
(表)
ぬい止まり
表布
(裏)
内側の表布・裏布の
2枚のぬいしろに、
ぬい止まりから斜め下に
切り込みを入れる
5cm
裏布(裏)
4cm
1枚だけ
カットする
表布(裏)
裏布(表)
表布(裏)

2 入れ口をぬう

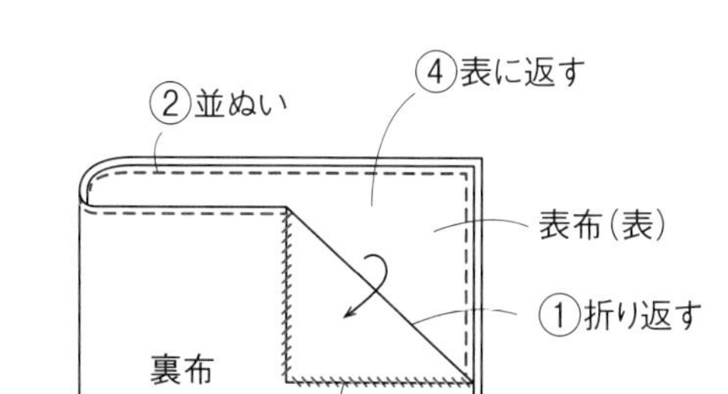
②並ぬい
④表に返す
表布(表)
①折り返す
裏布
(表)
③まつる

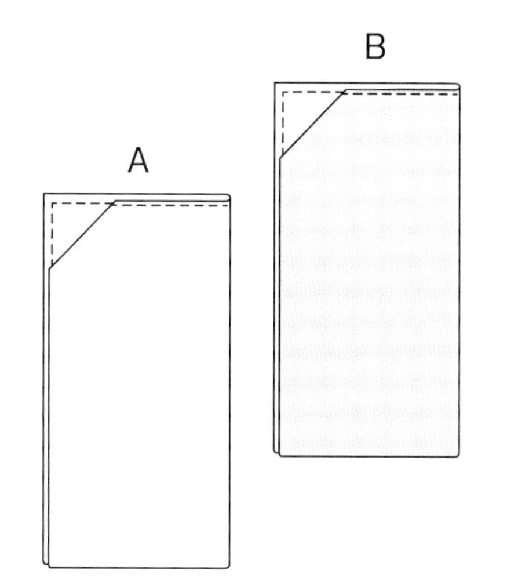
B
A

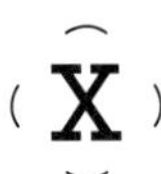

ほかほかカイロ

» Photo p.27

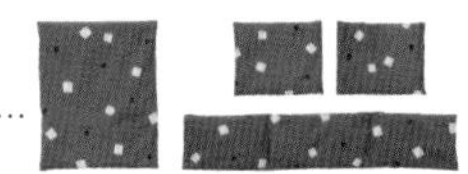

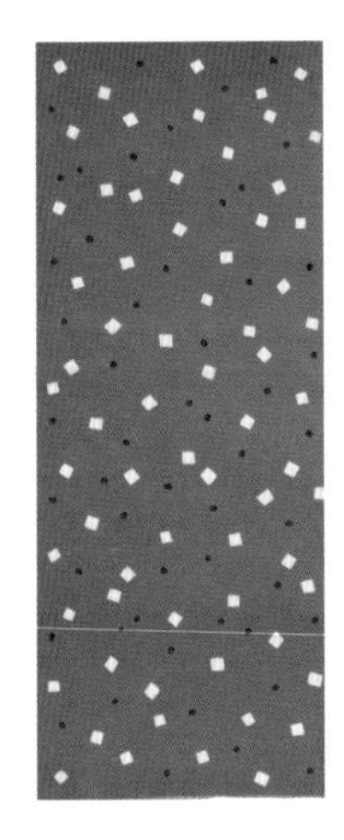

材料

カイロ5個分　手ぬぐい：みつ豆（あひろ屋）　1枚
玄米、ぬか：適宜
手ぬい糸

裁ち方図　※○の数字のぬいしろを含む　単位cm
※青色線――は手ぬぐいの耳です。

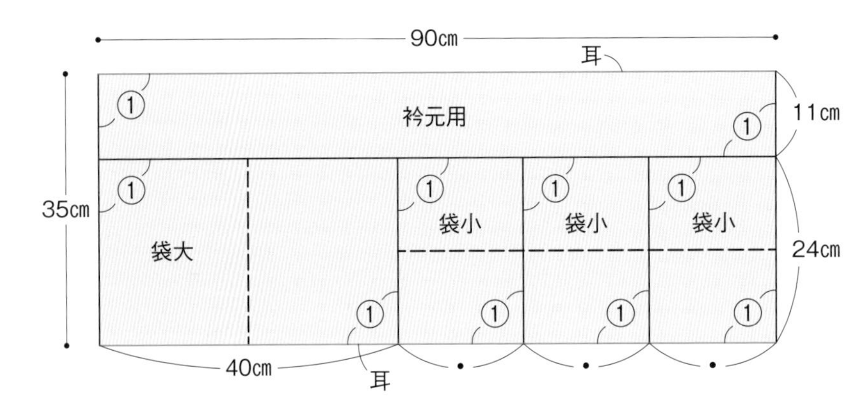

作り方｜衿元用

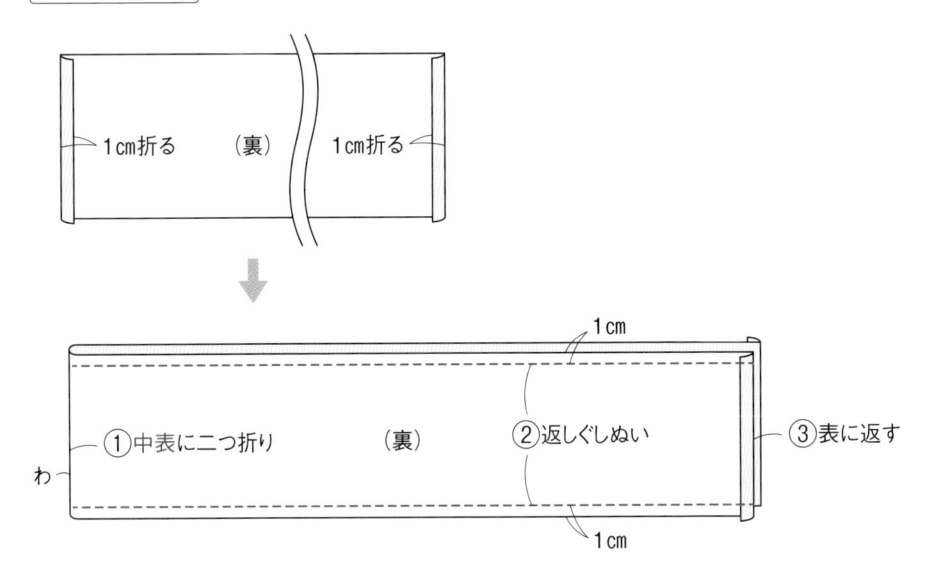

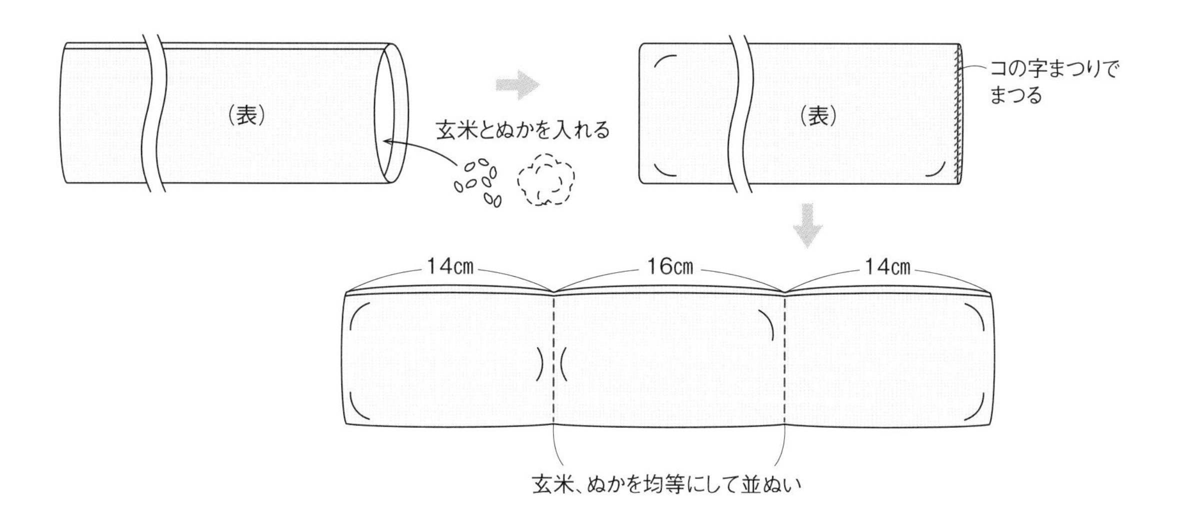
(表)
玄米とぬかを入れる
(表)
コの字まつりで
まつる
14cm
16cm
14cm
玄米、ぬかを均等にして並ぬい

作り方｜袋 大・小

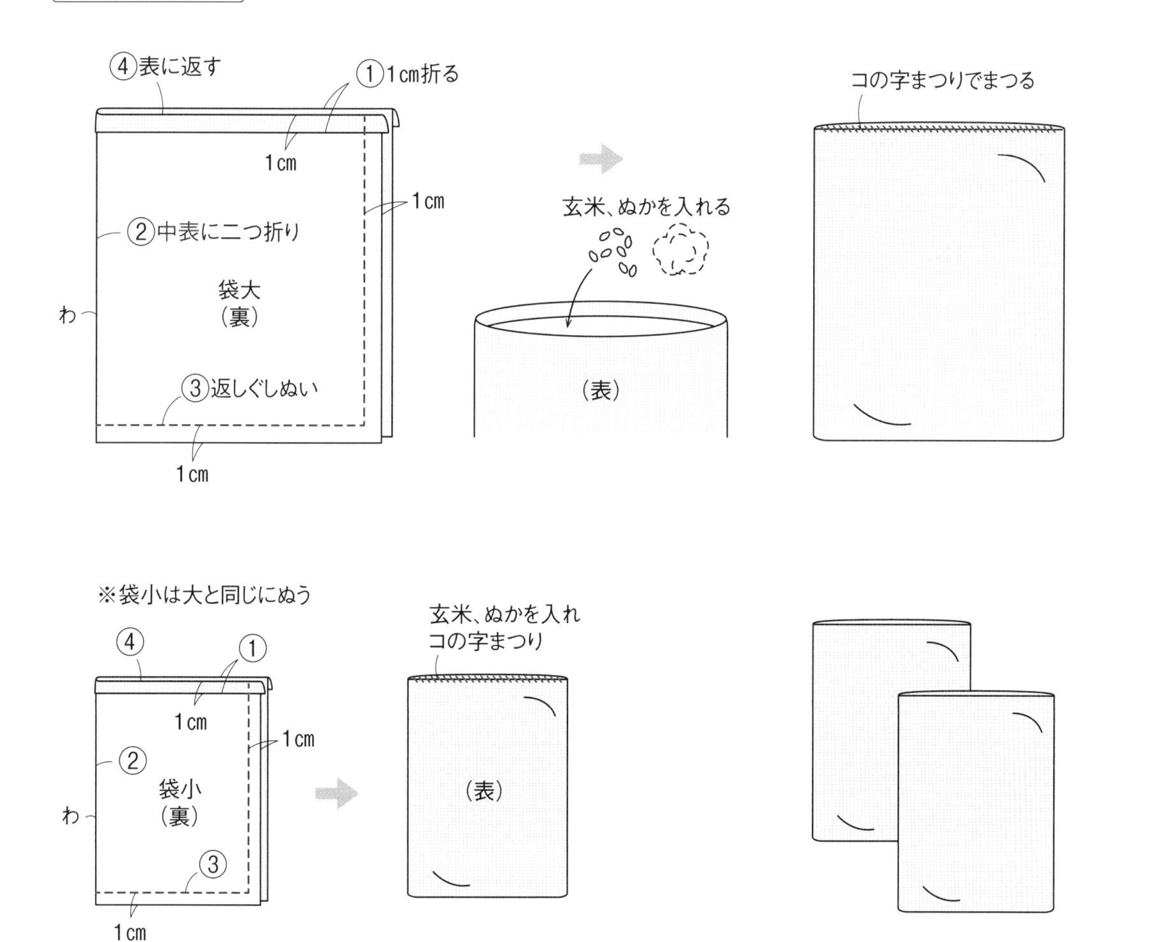
④表に返す
①1cm折る
1cm
1cm
②中表に二つ折り
袋大
(裏)
わ
③返しぐしぬい
1cm
玄米、ぬかを入れる
(表)
コの字まつりでまつる
※袋小は大と同じにぬう
④
①
1cm
1cm
②
袋小
(裏)
わ
③
1cm
玄米、ぬかを入れ
コの字まつり
(表)

高橋恵美子（たかはしえみこ）

東京に生まれる。文化服装学院ハンディクラフト科卒業後、「はじめて手づくりをする人のためのやさしい手ぬい」を提案する手芸家として活躍。手ぬいをするための道具や布、糸などに関する商品も企画開発する。東京、名古屋、大阪で手ぬい教室を開催している。手ぬい講習を中心とする《日本手ぬい普及協会》、手ぬいの情報を発信する《手ぬいクラブ》を主宰。『基礎からはじめる着物リフォーム』『はじめてでもできる手ぬいの着物リフォーム』『大人の服』『おとな可愛いおしゃれ服』『手ぬいで作るきものリフォームチュニック＆ポーチ』『基本からはじめる着物リフォームの手ぬいレッスン』（小社刊）など、著書は100冊以上。

高橋恵美子　手ぬいクラブ

手ぬいの楽しさを伝えています。手ぬいの新刊本、手ぬい教室の案内、オリジナル布エミコ・コレクション販売情報、イベントのお報せ等情報発信をしています。

http://www.tenuiclub.com/

Facebook @tenuiclub
Twitter @tenuiclub
Instagram @tenuiclub

「エミコ・コレクションco.」
オリジナル布や材料キット、用具の通販ショップ
https://www.emico-co.com/

staff

作品制作	アトリエAmy 安藤明美　水野法子　関かおり
作り方原稿	安藤明美
撮　影	白井由香里
スタイリング	西森萌
プロセス写真	本間伸彦
ブックデザイン	尾崎利佳（フレーズ）
トレース	関和之　森崎達也　田村浩子 （株式会社ウエイド　手芸制作部）
編　集	大野雅代（クリエイトONO）
進　行	鏑木香緒里
Special Thanks	木暮海理

[ご協力いただいた会社]

● **あひろ屋**　http://ahiroya.jp

● **ジカンスタイル　KITTE丸の内店**
〒100-7004　東京都千代田区丸の内2-7-2　KITTE丸の内4階
TEL 03-6273-4580
オンラインショップ　https://www.jikan-style.net/

● **株式会社 染の安坊**
〒111-0032 東京都台東区浅草1-21-12
TEL 03-5806-4446
https://www.anbo.jp/
https://www.rakuten.ne.jp/gold/anbo/

● **株式会社フジックス**
〒603-8322　京都府京都市北区平野宮本町5番地
TEL 075-463-8111

● **クロバー株式会社**
〒537-0025　大阪府大阪市東成区中道3-15-5
TEL 06-6978-2277（お客様係）

[読者の皆様へ]
本書の内容に関するお問い合わせは、
FAX（03-5360-8047）、
メール（info@TG-NET.co.jp）にて承ります。
恐縮ですが、電話でのお問い合わせはご遠慮ください。
『手ぬぐいで作る 毎日使える手ぬいの布こもの』編集部
※作品の複製・販売は禁止いたします。

手ぬぐいで作る
毎日使える手ぬいの布こもの

2021年6月25日初版第1刷発行

著　者	高橋恵美子
発行者	廣瀬和二
発行所	株式会社日東書院本社 〒160-0022 東京都新宿区新宿2丁目15番14号 辰巳ビル TEL　03-5360-7522（代表） FAX　03-5360-8951（販売部） 振替　00180-0-705733 URL　http://www.TG-NET.co.jp
印　刷	三共グラフィック株式会社
製　本	株式会社セイコーバインダリー

ISBN 978-4-528-02363-5 C2077